JN103455

NLP *The Association for Natural Language Processing*

実践・自然言語処理シリーズ

一般社団法人 言語処理学会 編

編集委員：
佐藤理史・菊井玄一郎・関根 聡
山本和英・乾健太郎・森 辰則

第4巻

情報抽出・固有表現抽出のための基礎知識

岩倉友哉・関根 聡 著

近代科学社

◆読者の皆さまへ ◆

平素より，小社の出版物をご愛読くださいまして，まことに有り難うございます．

㈱近代科学社は1959年の創立以来，微力ながら出版の立場から科学・工学の発展に寄与すべく尽力してきております．それも，ひとえに皆さまの温かいご支援があってのものと存じ，ここに衷心より御礼申し上げます．

なお，小社では，全出版物に対してHCD（人間中心設計）のコンセプトに基づき，そのユーザビリティを追求しております．本書を通じまして何かお気づきの事柄がございましたら，ぜひ以下の「お問合せ先」までご一報くださいますよう，お願いいたします．

お問合せ先：reader@kindaikagaku.co.jp

なお，本書の制作には，以下が各プロセスに関与いたしました：

・企画：小山　透
・編集：高山哲司
・組版：加藤文明社（LaTeX）
・印刷：加藤文明社
・製本：加藤文明社（PUR）
・資材管理：加藤文明社
・カバー・表紙デザイン：川崎デザイン
・広報宣伝・営業：山口幸治，東條風太

実践・自然言語処理シリーズ
刊行にあたって

現在の情報社会において，コンピュータ・アプリケーション（アプリ）やそれらによって実現されるサービスの多くは，なんらかの形で，日本語や英語で書かれたデータ，すなわち**自然言語データ**を扱っています．たとえば，Googleに代表されるウェブ検索では，入力キーワードは自然言語データで，検索対象となるウェブページの大半も自然言語データです．AppleのSiriに代表される秘書機能アプリの入力インタフェースは音声ですが，システムの内部では，入力音声をテキストに変換し，そのテキストを処理しています．具体的には，ユーザーの要求をテキストから引き出し，その要求に合った情報を探し，得られた情報をテキスト形式の回答にまとめ，最後に音声に変換して出力します．自然言語データを巧みに処理するための技術である**自然言語処理技術**は，知的なアプリやサービスを実現する必須の技術となりつつあります．

本シリーズでは，

- どのようなシステムで，どのような自然言語処理技術が使われているか
- 自然言語処理技術によって，どのようなシステムが実現可能か
- 自然言語処理技術は，社会とどのようにつながっているか

といった疑問に答えることを念頭に，自然言語処理を使ったアプリやサービスを作るという観点に立って，それらを実現するための理論や技術，および，実装に関するノウハウを示します．このような方針に基づき，本シリーズでは原則として，まず具体的なシステムや応用例を示し，次にそれらに関する理論や技術，実装のノウハウを示すという，普通とは逆の構成を採用します．

本シリーズが主な読者として想定しているのは，自然言語処理を使ったアプリやサービスの実現を目指す技術者や開発者です．自然言語処理の研究者や技術者を志す学生，あるいは，メディア関連分野の技術者・開発者にとっても，実践的に役立つ情報が書かれています．

「ことば＝自然言語」は，我々の知的活動と密接に結びついています．「ことば」を攻略することが，人間の知的活動を支援するシステムの実現の鍵であると言っても過言ではありません．本シリーズが，より知的な新しいアプリやサービスを考えるヒントとなることを願ってやみません．

言語処理学会「実践・自然言語処理」編集委員会

まえがき

情報化社会の進展により，膨大な電子化された非構造データが蓄積され続けています．非構造データの多くは，自然言語で記載されたテキストであり，情報の伝達手段としての役割としてだけでなく，知識源として，注目を集めています．たとえば，企業，化学，医療など多岐に渡る分野の知識がテキスト中に記載されています．

テキストに内在する知識を活用するための方法の一つとして，必要な項目をテキストから抜き出して，データベースとして蓄積する知識の構造化が行われています．たとえば，企業情報であれば，テキストから，「企業名」，「人名」，「日付」を抽出し，「企業」の「社長」である「人名」，「企業」の「設立日」である「日付」といったように，関係付けを行った結果をデータベースに格納します．

現状，このような知識の構造化作業は大きく人手に頼っていますが，近年の情報量の急激な増加により，人手による対応が困難な状況となってきています．そのような中，特定の情報を非構造のテキストから自動抽出し，構造化された形で提示する「情報抽出」という技術が注目を集めています．自然言語処理における「情報抽出」とは，自然言語で記載されたテキストから何らかの構造的な情報を自動的または，半自動的に抽出することに相当し，固有名詞や数値表現などの固有表現をテキストから抽出する固有表現抽出技術，固有表現の間の関係を判別する関係抽出技術など，いくつかの技術の組合わせで実現されます．

しかしながら，情報抽出技術は，企業分野，医療分野，化学分野と対象が異なれば，抽出が必要な固有表現や関係の種類が異なるため，対象分野別のカスタマイズが必要となります．上記の企業情報であれば，「企業名」，「人名」，「日付」が固有表現となりますが，化学分野であれば，「化学物質名」，「温度表現」などが固有表現となります．また，関係においても，企業情報であれば，「役員」や「売上」であったのが，化学分野であれば，たとえば，「沸点」，「融点」といった化学物質の物性値を示す関係が対象になります．

本書では，情報抽出を構成する技術のうち，テキストから固有表現を抽出する固有表現抽出技術と，固有表現間の関係を抽出する関係抽出技術に焦点を当てて説明を行います．特に，分野別に情報抽出器のカスタマイズが必要であり，また，分野に応じて有効な手法が異なりますので，適切な手法を組み合わせた分野別の情報抽出器を作成できるようにすることを目的に，近年広く注目を集めている機械学習に基づく手法に加えて，ルールベースによる手法を加えた紹介を行います．本書で説明する基礎知識が，各分野での情報抽出器の開発に役立つことを祈るばかりです．

本書の出版に当たっては，次の方々にお世話になりました．編集委員の乾健太郎教授には，本書の構成の段階からご指導をいただきました．小林暁雄氏，木村泰知氏，牧野拓哉氏，三浦明波氏，松下京群氏，横野光氏をはじめとした，理研 AIP，富士通研究所の研究員の方々からは，本書に対する有益なコメントをいただきました．厚く御礼申し上げます．

2020 年 1 月
岩倉友哉
関根聡

目　次

第5章 評価方法 87

付録 93

第1章

情報抽出

言語を使って伝達される人間社会の情報の多くは，新聞，雑誌，特許，論文，Web上のソーシャルメディアなどで，テキストの形式で記述されており，これらテキスト中には膨大な有用な情報が含まれています．そこで，テキストに記載されている多種多様な情報をよりよく活用するために，テキスト中から人手で対象情報を抽出し，意味的な情報を付与して，構造化する作業が行われています．

たとえば，人事異動の情報抽出では，図1.1のように，「人物」の「所属」，「役職」などの情報を抽出することが行われます．また，化学分野であれば，図1.2のように，「化学物質名」，「温度表現」などとそれらの関係である「沸点」，「融点」といった化学物質の物性値を示す関係が対象に抽出されています．他には，バイオの分野では遺伝子と変異名称とそれらの関係が抽出されています．このように，構造化された情報は，各分野の参考情報や研究開発の知識としての利用や，動向調査などの用途で利用されています．

これらのようにテキストから情報を抽出して，構造化する作業を自動化するために，「情報抽出」という技術が研究されています．自然言語処理における「情報抽出」とは，自然言語で記載されたテキストから何らかの構造的な情報を自動的または，半自動的に抽出するタスクおよびその周辺技術のことを指します．情報抽出が研究されるようになった背景としては，情報化社会の進展により，膨大な電子化された非構造データが蓄積され続けており，人手による対応が困難な状況となっていることが挙げられます．たとえば，化学の分野であれば，数分ごとに増え続けている，特許や論文中で報告される新規化合物情報に対応する必要があります[1)]．

[1)] https://www.jaici.or.jp/annai/img/20150709_CAS_PressRelase.pdf

テキストの記述に含まれる情報は，それぞれ特有の構造が前提にされてい

(e1-1) ケン・宮崎氏が社長を務めるABD商事株式会社は，2017年6月1日付けで，ABD食品株式会社を福岡に設立する．
(e1-2) ABD食品株式会社の社長には，副社長・福岡二郎氏が就任する．
(e1-3) 宮崎に本社を置くABD商事株式会社は1917年創業で，10年ぶりの分社化となる．

↓

会社名	ABD食品株式会社
親会社	ABD商事株式会社
社長	福岡二郎
設立日	2017年6月1日
所在地	福岡

(e2-1) WYZ商事株式会社は，飲料事業部を独立させ，2017年8月1日付けで，WYZ飲料株式会社を大分に設立する
(e2-2) WYZ飲料株式会社の社長には，副社長の大分四郎氏が就任する．

↓

会社名	WYZ飲料株式会社
親会社	WYZ商事株式会社
社長	大分四郎
設立日	2017年8月1日
所在地	大分

図 1.1 人事異動に関する情報抽出の例

ることが多く，人間は意識的または無意識的にその構造を利用して情報を理解していると言えます．たとえば、「人事異動」の例であれば，該当者の「氏名」，「企業名」，「異動先役職名」，「異動発生日」という要素を含む構造を有しています．こういった情報を構造化されていないテキストから抽出し，構造化された情報に変換するタスクが，大枠としての情報抽出のタスクとなります．

情報抽出は，究極的には，与えられたテキストを，特定の目的において，理解することを最終目的としており，さまざまな自然言語の基盤技術を利用す

アセチレンは，分子式 C_2H_2 である．
また，アセチレンの沸点は −84 ℃，融点は −80.8 ℃である．

↓

化合物名	アセチレン
沸点	−84 ℃
融点	−80.8 ℃
分子式	C_2H_2

エチレンは，分子式 C_2H_4 で，沸点は −104 ℃，融点は −169.2 ℃である．

↓

化合物名	エチレン
沸点	−104 ℃
融点	−169.2 ℃
分子式	C_2H_4

図 1.2 化学物質に関する情報抽出の例

る自然言語処理技術の応用タスクの一つであります．情報抽出は，多くの場合，以下の技術を組み合わせて，実現されます．[1,2]

- **固有表現抽出 (Named Entity Recognition)**．人名や組織名，場所などの固有名詞や，日付や時間，金額などの数値表現といった固有表現を抽出するタスクです．
- **照応解析 (Anaphora Rresolution)**．表記によらず同一実体を参照している語彙を判別するタスクです．企業名であれば，2 回目以降の出現では，「同社」と記載されたり，「ABD 商事株式会社」を「ABD(株)」のように，省略して記載することもあります．また，日本語では，省略される主語に対応が必要な場合もあります．
- **関係抽出 (Relation Extcation)**．固有表現間の関係を抽出するタスクです．たとえば，雇用関係であれば，ABD 商事株式会社に雇用されているケン・宮崎といった組織と人名の関係を抽出します．

- **イベント情報抽出 (Event Extraction)**．イベント情報抽出とは，対象物の名前（固有表現）や静的な関係（関係抽出）だけではなく，出来事を対象とし，その出来事の参加者や場所，時間などの要素情報を抽出するタスクとなります．たとえば，人事異動では，「対象者」,「企業」,「役職名」,「日時」,「就任か退任か」といった情報を抽出するタスクとなります．

しかしながら，情報抽出の要素技術は，抽出対象が変われば，再作成が必要になるという問題があります．すなわち，ドメインに応じて抽出する固有表現および固有表現間の関係の定義が必要となり，新たな定義に応じて，エンジンの再作成あるいはカスタマイズが必要になります．

図 1.1 の企業情報であれば,「組織名」,「人名」,「日付」が固有表現となりますが，図 1.2 の化学分野であれば,「化学物質名」,「温度表現」などが固有表現となります．また，関係においても，企業情報であれば,「社長」や「設立日」であったのが，化学分野であれば，たとえば,「沸点」,「融点」といった化学物質の物性値を示す関係が対象になります．

本書では，情報抽出における要素技術のうち，固有表現抽出と関係抽出に焦点を置いて説明します．固有表現抽出は，情報抽出における最小単位の情報を抽出するために必要な技術であり，また，関係抽出の考え方は，照応解析，イベント抽出にも通ずるものがあります．たとえば，照応解析の問題の一部は,「ABD 商事株式会社」と「ABD(株)」の例のように，二つの固有表現が同一かを判別する形で問題が定義でき，関係抽出に通ずるものがあります[2]．また，イベント抽出の一つの方法として，対象テキスト中の event trigger の語を判別し，event trigger と固有表現の関係を判別することが挙げられます．ですので，固有表現抽出と関係抽出の技術の考え方を用いれば，多くの情報抽出が実現できると考えられます．また，ドメインに応じた情報抽出器の作成あるいはカスタマイズの必要性から，特に，本書では，固有表現抽出と関係抽出の基礎知識に中心に紹介を行います．

2) 照応解析においては，固有表現の間の照応関係だけでなく，省略された代名詞との照応関係も対象にする場合もあり，関係抽出とは違う問題を扱う必要があります．

本書では， 図 1.1 の例を基に，説明を行います．固有表現抽出と関係抽出の開発は，大きく，下記の流れとなります．

- コーパス作成：抽出器の開発および評価に利用するために作成．
- 抽出器の開発：目的の分野の固有表現抽出器と関係抽出器の開発．
- 抽出器の評価：コーパスに付与された正解を基に開発した固有表現抽出と関係抽出の評価．

また，評価結果を基に抽出器を改良し，再度評価するということも行います．

本書では，コーパス作成について，第2章で説明します．コーパスは，情報抽出システムの評価データおよび，機械学習を用いた情報抽出のための教師データとして利用されます．また，コーパス作成は，タスク設定に相当し，情報抽出のテンプレートを定義することに相当します．テンプレートの例としては，図1.1の最初の表の形式に当たるものです．

固有表現抽出については，第3章において，以下を紹介します．

- 辞書による固有表現抽出 (3.1節)
- ルールベースによる固有表現抽出 (3.2節)
- 機械学習による分類に基づく固有表現抽出 (3.4節)
- 構造予測に基づく固有表現抽出 (3.5節，3.6節)
- ニューラルネットワークによる固有表現抽出 (3.7節)

また，関係抽出においては，第4章にて，以下を紹介します．

- ルールベースによる関係抽出 (4.1節)
- 機械学習による分類に基づく関係抽出 (4.2節)
- 構造予測に基づく関係抽出 (4.4節)
- ニューラルネットワークによる関係抽出 (4.5節，4.6節)

本書では，機械学習アルゴリズムによらず，情報抽出における分類や構造予測の考え方を説明することを目的とします．そこで，比較的簡単な手法ではありながら，効率的に学習でき，また，タスクによっては今もなお，高い精度が得られることが報告されているパーセプトロンという学習手法を基に，分類と構造予測による手法の説明を行います[3]．また，ニューラルネットワークについては，近年，情報抽出の分野でも，高い精度が得られることが報告されているリカレントニューラルネットワークの一つである long short-term memory (LSTM) に基づく固有表現抽出と関係抽出の例を紹介します．第5章で，評価方法を紹介します[4]．

[3] 他の学習手法として，最大エントロピー法，サポートベクタマシーン，条件付き確率場 (Conditional Random Fields) や，構造化サポートベクターマシンといった手法が用いられています．

[4] また，第A章に，固有表現抽出，関係抽出の関連情報をまとめておきます．

コラム：情報抽出の研究のはじまりと現在

情報抽出は，米国で1990年前後から始まったMUC (Message Understanding Conference) が初期の中心的な役割を担ってきました．MUCは，参加システムの評価を行うプロジェクトであり，そのタスクは初期の海軍船舶の位置情報の抽出やテロリストの情報抽出から，人事異動，ロケットの発射，病気の発生や流行まで，多岐にわたるものを取り扱ってきました．参加者は，自然言語の基礎的な技術，パターンマッチングの技術などを利用しながらタスクに取り組んできました．MUCでは，情報抽出で利用されている技術を分析し，「固有表現抽出」，「照応解析」，[テンプレート要素抽出]，「関係抽出」，「イベント情報抽出」というサブタスクが設定されました．
MUCの参加者の中には，このように分解されたそれぞれの要素技術のレベルを向上させ，情報抽出全体の技術の向上につなげようという意識が形成されました．このようなMUC型の情報抽出は，実質的にMUCの後継となっているAutomatic Content Extraction (ACE) やKnowledge Base Population (KBP) に引き継がれています．また，日本でも1998年に固有表現抽出タスクを対象として，IREXという評価型プロジェクトが行われて以来，情報抽出の研究が盛んになっています．
また，情報抽出技術の応用は，単に情報を抽出するという直接的な目的以外の応用が考えられます．たとえば，固有表現抽出は個人情報検出および匿名化のアプリケーション用途でも使われます．また，インターネット上のすべてのWebページから重要な情報を抽出して構造化しておけば，その情報を使って高度な検索が実現できると期待されます．さらには，特許情報，バイオ科学などでの技術情報も，情報抽出による情報の可視化などを通じて情報の有効利用が促進されています．

第2章

情報抽出のためのコーパス作成

本章では，固有表現抽出，関係抽出のためのコーパス作成について説明します．コーパス作成は情報抽出器の開発あるいはカスタマイズと，評価で利用するためのデータの準備として行われます．なお，コーパスとは言語データのことを指します．単なるテキストデータの集合を指すこともあれば，以下に述べるようにそのテキストデータに何らかの情報を付与（アノテーション）したデータを指すこともあります．本書におけるコーパスとは後者を指し，固有表現および固有表現の間の関係がアノテーションされたテキストとなります．また，アノテーションを行う作業者は，「アノテーター」と呼ばれます．

本章以降で説明しますように，固有表現抽出と関係抽出の実現方法には大きくルールベースと機械学習ベースの2種類があります．コーパスはルールベースおよび機械学習ベース，両方の開発および評価に利用されます．ルールベースによる手法では，ルール作成の際の参考としたり，規則の評価データとして利用します．また，機械学習に基づく情報抽出の場合は，教師データおよび評価データとしての利用となります．さらには，機械学習に基づく情報抽出手法であれば，対象の分野の教師データを準備し，再学習を行うことで，別の分野で開発された情報抽出器であっても，新たなドメイン用にカスタマイズすることもできます．

情報抽出において，固有表現抽出器と関係抽出器を開発する際には，固有表現と関係を定義後に，固有表現抽出用と関係抽出用のアノテーションを行います．

- 抽出する情報の定義：固有表現抽出と関係抽出であれば，抽出する固有表現のクラスと固有表現間の関係の定義となり，抽出する情報を埋めるテンプレートに相当します

- 固有表現抽出用の学習データ作成：定義をした固有表現に相当する箇所にそのクラスをタグとして付与します.
- 関係抽出用の学習データ作成：関係を有する固有表現に対して関係名を付与します.

2.1 固有表現と関係の定義

固有表現と関係の定義は抽出対象に応じて決められます. 図 1.1 の例では, 新会社設立に関する例となりますが, こちらに関する情報の抽出のために, まず, 固有表現の定義を考えます. このタスクでは, 設立会社とその親会社, 社長, 設立日, 所在地が構成要素となります. そこで, これらの候補を,

- ORGANIZATION (ORG)：設立会社とその親会社などの組織名
- PERSON (PER)：人物名
- LOCATION (LOC)：場所表現
- DATE：日付

として抽出することを考えます.

また, これらの 4 種類の固有表現間の関係として,

- ParentCompany：親会社と設立会社
- President：会社と社長
- FoundingDate：会社と設立日
- HomeCity：会社と所在地

の 4 種類を定義します. よって, ここでは, 4 種類の固有表現を抽出し, 各固有表現間の 4 種類の関係を判別することで, 図 1.1 に相当する情報を抽出します. なお, 学習時や評価時に, 関係が付与されていない固有表現間は, 関係なしと扱うことで, コーパス作成時に, 関係がない固有表現間には,「関係なし」というアノテーションは実施する必要はありません.

2.2 アノテーションの実施

ここでは, 図 1.1 を例に, 固有表現および関係の定義および brat [3] [5] と

[5] https://brat.nlplab.org/

```
[entities]
PERSON
ORGANIZATION
LOCATION
DATE

[relations]
ParentCompany Arg1:ORGANIZATION, Arg2:ORGANIZATION
President Arg1:ORGANIZATION, Arg2:PERSON
HomeCity Arg1:ORGANIZATION, Arg2:LOCATION
FoundingDate Arg1:ORGANIZATION, Arg2:DATE

[events]
[attributes]
```

図 2.1 brat の設定例

いうフリーソフトを用いたアノテーションの例を説明します．ここでのアノテーションとは，テキスト中の固有表現の箇所に固有表現情報を付与したり，固有表現間の関係を付与する作業に相当します．brat を用いれば，固有表現と固有表現間の関係を Web ブラウザ上で付与できます．

図 2.1 が brat の設定例です．[entities] の箇所に固有表現を定義します．ここでは，PERSON，ORGANIZATION，LOCATION，DATE が定義されています．

続いて，[relations] の箇所に，固有表現間の関係を定義します．ここでは，ParentCompany，President，HomeCity，FoundingDate の 4 種類の関係が定義されています．また，各関係の引数が取り得る固有表現の種類も定義されています．たとえば，

```
ParentCompany Arg1:ORGANIZATION, Arg2:ORGANIZATION
```

では，第 1 引数 (Arg1) および第 2 引数 (Arg2) とも ORGANIZATION となっています．[events] と [attributes] は利用しないので空となっています．

図 2.2 が brat による固有表現の付与結果となります．これらの情報は，マウスで対象を選択することで付与できます．図 2.2 では，「ABD 商事株式会社」に対し，ORGANIZATION をアノテーションしているところです．

図 2.3 が brat による固有表現間の関係のアノテーションの例となります．Arg1 に相当する固有表現をマウスで選択の後，Arg2 に相当する固有表現を

図 **2.2**　brat による固有表現アノテーション例

ドラッグすると，候補の関係が表示されます．この例の上の図は，「ABD 商事株式会社」と「ケン・宮崎」の間に関係「President」をアノテーションをしている例です．図 2.3 の下の図は，固有表現と関係をアノテーションした結果となります．

図 2.4 が brat による固有表現のアノテーション結果の例となります．アノテーション対象が FILENAME.txt であった場合，FILENAME.ann にタグ付け結果が保存されています．T で始まる行が固有表現に関する情報となり，

ID 固有表現の種類 開始文字位置 終了文字位置 固有表現の文字列

というフォーマットとなっています．開始文字は 0 からとなります．

T1 PERSON 0 5 ケン・宮崎

であれば，ID が「T1」，固有表現の種類が「PERSON」，開始文字位置が「0」，終了文字位置 が「5」，固有表現の文字列は「ケン・宮崎」となります．

↓

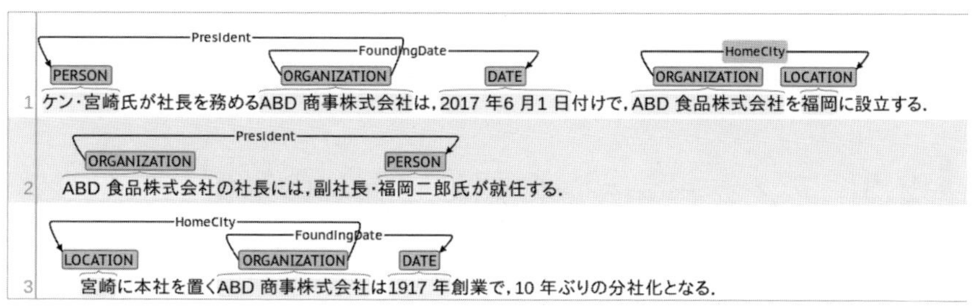

図 2.3　brat による関係アノテーション例

R で始まる行が関係に関する情報となります．

R1 President Arg1:T2 Arg2:T1

であれば，T2 は「ABD 商事株式会社」，T1 は「ケン・宮崎」ですので，

「ABD 商事株式会社」の「社長」は「ケン・宮崎」

という関係の意味である「President」が付与されています．これらの情報を基に，学習・評価を行います．

```
T1 PERSON 0 5 ケン・宮崎
T2 ORGANIZATION 13 23 ABD 商事株式会社
T3 DATE 25 37 2017 年 6 月 1 日
T4 ORGANIZATION 41 51 ABD 食品株式会社
T5 LOCATION 52 54 福岡
T6 ORGANIZATION 61 71 ABD 食品株式会社
T7 PERSON 81 85 福岡二郎
T8 LOCATION 93 95 宮崎
T9 ORGANIZATION 101 111 ABD 商事株式会社
T10 DATE 112 118 1917 年
R1 President Arg1:T2 Arg2:T1
R2 President Arg1:T6 Arg2:T7
R3 HomeCity Arg1:T9 Arg2:T8
R4 FoundingDate Arg1:T9 Arg2:T10
R5 FoundingDate Arg1:T2 Arg2:T3
R6 HomeCity Arg1:T4 Arg2:T5
```

図 2.4　brat によるアノテーション結果ファイルの例

2.3　アノテーションの誤り・漏れの影響

固有表現抽出および関係抽出とも，アノテーションの漏れ・誤りは，以下のように学習および評価に影響があります．以下にそれらの影響の例を載せます．

- **固有表現抽出におけるアノテーションの漏れの影響例**：たとえば，固有表現抽出の例で，「ABD 商事株式会社」を固有表現としてアノテーションをしなかったとします．その場合は，学習時には，「ABD 商事株式会社は固有表現ではない」という間違った学習が行われます．
- **固有表現抽出におけるアノテーションの誤りの影響例**：「ABD 商事株式会社」に PERSON と誤ったアノテーションがされたとしますと，学習時には，「ABD 商事株式会社」は PERSON と抽出するための学習が行われます．また，「ABD 食品株式会社」が ORGANIZATION とアノテーションをされていたとします．これらの両方は，本来は，ORGANIZATION の判別のために有効な単語と考えれる「株式会社」を含んでいますが，「株式会社」が PERSON および ORGANIZATION の判別に使われるといった解釈となってしまいます.

- **固有表現抽出の評価時の影響例**：評価時に,「ABD 商事株式会社」に PERSON と誤ったアノテーションがされていたとしますと,「ABD 商事株式会社」を正しく ORGANIZATION と抽出しても, PERSON として抽出できなかったということになり, 誤りと扱われます.

  また,「ABD 商事株式会社」に固有表現タグのアノテーションがされていなかった場合は,「ABD 商事株式会社」を正しく ORGANIZATION と抽出しても, 抽出誤りとして扱われます.
- **関係抽出によるアノテーションの漏れの影響例**：図 2.3 の上の図の状態のように,「ABD 商事株式会社」と「ケン・宮崎」の関係をアノテーションしなかったとします. その場合, 学習時には,「ABD 商事株式会社」と「ケン・宮崎」の間には関係がないという判断をするための学習が行われます.
- **関係抽出によるアノテーション誤りの影響例**：「ABD 商事株式会社」と「ケン・宮崎」の間の関係として ParentCompany と違う関係のアノテーションをしたとします. そうしますと, 学習時には,「ABD 商事株式会社」と「ケン・宮崎」の間に ParentCompany という関係があると判断をするための学習が行われます.
- **関係抽出の評価時の影響例**：「ABD 商事株式会社」と「ケン・宮崎」の関係を正しく President と判別できても, 評価データに「ABD 商事株式会社」と「ケン・宮崎」の関係のアノテーションがなかった場合は, 誤りとして計算されてしまいます. また, 評価データに「ABD 商事株式会社」と「ケン・宮崎」の関係を ParentCompany とアノテーションをしている場合でも, 正しく President と判別できても誤りと評価されます.

2.4 アノテーションの品質改善

前述の例が示すように, アノテーションの質が, 学習・評価に影響を与えます. そのため, 漏れや誤りがないように作業することが必要となります. アノテーションの質を改善するために以下のような方法が用いられています.

- **複数名でのアノテーションを実施する**：2 名のアノテータが作業できる場合であれば, 1 名のアノテーターがアノテーションした結果を, 再度, 残りのアノテーターがチェックする方法を用いることができます.

また，3名のアノテータが作業できる場合は，以下の方法が取れます．まず，同一のテキストに対し，2名のアノテーターが別々にアノテーションを行います．その後，別のアノテーターが，複数のアノテーターによる結果を比較し，異なるアノテーションがされた箇所をチェックします．

- **抽出結果を基に再度確認を行う**：コーパスを作成後に，固有表現抽出器，関係抽出器を作成し，それら抽出器をそのコーパスに適用して，アノテーション結果と，抽出結果に違いがある箇所をチェックするというものです．アノテーション誤りの箇所に対し，抽出器が正しく抽出することもありますので，チェック対象の絞り込みとして利用できます．また，抽出器のスコアも考慮して，スコアが低い箇所をチェックするという方法もあります．

2.5　アノテーション実施時の注意点

本節では，新たにタスクを定義してアノテーションを実施する際の注意点を説明します．

- 固有表現の階層情報を考慮できる場合のアノテーションの決め方：たとえば，「組織名」を「“会社” と “会社以外の組織名”」と付与するか，それらをまとめて「組織名」と付与するか迷ったとします．その際は，「“会社” と “会社以外の組織名”」と付与しておけば，アノテーション後に，機械的に「組織名」とまとめることができます．ただ，より詳細な定義にするほど，アノテーションの時間を要したり，定義が詳細になることでアノテーションの難易度が変わり，アノテーションの質に影響する可能性があることは考慮に入れてください．
- 判断に迷った場合のクラスの定義：誤ったアノテーションは，機械学習を用いる際は誤ったアノテーションを学習しようとしてしまう，また，評価の際は，正しく判別されていても間違いとして扱われてしまうなど，開発および評価に影響を与えてしまいます．ですので，判断に迷った際に付与するクラスを定義することを考えてください．たとえば，IREX [4] で使われた日本語固有表現抽出の定義 では，OPTIONAL というタグが用意されており，アノテーションが困難であると判断された箇所に付与するために用いられます．OPTIONAL の箇所については，学習時であれば，学習対象から除外するか，すべての固有表現の可能性を考慮するといった利用がされています．また，評価時は，評価対象から除外されます．

- クラス定義に曖昧性を持たせないようにする：「PERSON」，「LOCATION」，「ORGANIZATION」，「その他固有表現」といったクラス名を定義する場合を考えます．その際に，上記の IREX の OPTIONAL のような，迷った場合に付与するクラス名を「その他固有表現」に統一するようなことは避けてください．IREX の OPTIONAL に相当するものは，これらの 3 種類の固有表現の例では，「“PERSON”，“LOCATION”，“ORGANIZATION”，“その他固有表現” のどれをタグ付けするか判断できない場合」という意味となり，「“その他固有表現”」に統合してしまうと，たとえば，“PERSON” あるいは “ORGANIZATION” で迷った固有表現が「“その他固有表現”」として付与されてしまうといった問題が生じます．このように意味合いが異なりますので，学習に影響を与えることになります．
- 関係抽出のコーパスの作成時の固有表現のアノテーションの注意点：関係を持つ固有表現だけをアノテーションするのではなく，すべての固有表現にアノテーションをすることをお勧めします．固有表現抽出の問題が，「固有表現を抽出する」ではなく，「他の固有表現と関係を持つ場合に固有表現として抽出する」という問題になってしまうからです．なお，関係までアノテーションすれば，「関係を持たない固有表現を除く」ということは，アノテーション後に機械的に行えます．

第3章

固有表現抽出

本章では，固有表現抽出の実現方法として，以下について説明します．

- 辞書・ルールを用いた固有表現抽出
- 機械学習を用いた抽出

  ・機械学習による分類に基づく固有表現抽出
  ・線形構造学習に基づく固有表現抽出
  ・セミマルコフモデルに基づく固有表現抽出
  ・ニューラルネットワークによる固有表現抽出

3.1　辞書による固有表現抽出

固有表現抽出の方法の一つとして，辞書を用いる手法があります．入力テキストのうち，辞書の項目に適合する箇所を，適合した辞書の項目のクラスとして抽出するという方法です．図 1.1 の例を基に説明していきます．

辞書としては，人名や場所といった抽出項目に対応する一覧を用います．図 3.1 に固有表現抽出における辞書の例を載せます．「→」の左側が辞書の項目で，こちらにマッチしたら右側の固有表現クラスを付与するという意味となります．この方法は，人名や場所，組織名などは，既存の辞書を使って抽出は可能です．しかし，多くの地名は人名としても使われるなど，曖昧性の問題が生じます．

たとえば，図 3.1 の辞書を用いて，照合された順に抽出を行うとします．その際，

福岡 → LOC
福岡 → PER
佐賀 → LOC
佐賀 → PER
:
宮崎 → LOC
宮崎 → PER
鹿児島 → LOC
鹿児島 → PER
:

図 3.1　抽出用の辞書イメージ

⟨LOC⟩ 宮崎 ⟨/LOC⟩ に本社を置く ABD 商事株式会社は ...

のように，宮崎を LOCATION (LOC) として正しく抽出できます．しかし，下記の例では，同様に，先に辞書に登録されている項目と照合した場合を優先するとした場合，

ケン・⟨LOC⟩ 宮崎 ⟨/LOC⟩ 氏が社長を務める ...

のように，PERSON (PER) である「ケン・宮崎」の一部の「宮崎」を LOCATION (LOC) として抽出してしまいます．

また，他の問題としては，数値表現の扱いがあります．たとえば，金額，割合といった数値表現を辞書として定義するのは現実的ではありません．さらには，辞書に含まれない固有名詞は抽出できないため，日々増え続けていく固有名詞を追加していく必要があります．ですので，多くの場合，辞書以外の抽出手法と組み合わせて用いられます．

3.2　ルールベースによる固有表現抽出

続いて，ルール（規則）を用いた抽出方法を説明します．辞書での対応が難しかった数値表現の抽出においては，たとえば，

N 年 → “N 年” は DATE

のように，N は数値にマッチするとした規則を用意すれば，

(R1) X 氏 → "X"は PER
(R2) N 年 ぶり → "N 年"は固有表現以外
(R3) N 年 → "N 年"は DATE
(R4) X に 本社 → "X "は LOC

図 3.2 固有表現抽出の規則の例．ここでは，X は一つの名詞，N は一つの数詞にマッチするという意味．

... ABD 商事株式会社は ⟨DATE⟩1917 年 ⟨/DATE⟩ 創業で ...

のように，「1917 年」を DATE として抽出できるように，数値部分の違いを考慮した抽出ができます．しかし，

... ⟨DATE⟩10 年 ⟨/DATE⟩ ぶりの分社化となる．

のように「10 年」も DATE として誤って抽出してしまうなど，辞書を用いた抽出と同じく，文脈によって異なる意味への対処の問題が残ります．

そこで，固有表現抽出では，固有表現内部の手掛りだけでなく，文脈を手掛かりに，意味の違いを区別しつつ抽出することを行います．たとえば，以下のように，

⟨PER⟩ ケン・宮崎 ⟨/PER⟩ 氏が社長を務める ...
⟨LOC⟩ 宮崎 ⟨/LOC⟩ に本社を置く ABD 商事株式会社は ...

と PER と LOC を抽出するために，「氏」や「に本社」といった周辺の単語を手掛かりに考慮する規則を作成して，抽出を行います．

この方法では，単語とその品詞列に対して処理を行うことが一般的です．そのためには，まず，形態素解析を行って，入力文を単語に区切り，品詞を付与しておきます．

ケン⟨名詞⟩ ・⟨記号⟩ 宮崎⟨名詞⟩ 氏⟨接尾⟩ が⟨助詞⟩
社長⟨名詞⟩ を⟨助詞⟩ 務める⟨動詞⟩ ...
宮崎⟨名詞⟩ に⟨助詞⟩ 本社⟨名詞⟩ を⟨助詞⟩ 置く⟨動詞⟩ ABD⟨名詞⟩ 商事
⟨名詞⟩ 株式会社⟨名詞⟩ は⟨助詞⟩ 1917⟨数詞⟩ 年⟨名詞⟩
創業⟨名詞⟩ で⟨助詞⟩10⟨数詞⟩ 年⟨名詞⟩ ぶり⟨接尾⟩ の⟨助詞⟩ 分社⟨名詞⟩
...

ここでは，空白が単語の区切で，“⟨”，“⟩” の中が品詞です．

続いて，図 3.2 のような規則を人手で作成し，抽出を行います．多くの場合，規則を優先度順に並べておき，最初に適用された規則による抽出結果を採用するとします．また，固有表現を抽出するための規則だけでなく，抽出誤りを減らすために (R2) のような，固有表現以外を抽出する規則も定義することがあります．ここでは，X は一つの名詞，N は一つの数詞にマッチするという意味とします．

規則は，(R1) から (R4) の順番で適用されるとし，適用された時点で終了とします．

これらの規則により，(R2) により，「10 年」を固有表現以外として，(R3) で，「1917 年」を DATE として，(R4) で「宮崎 に 本社 」の「宮崎」を LOC として抽出します．

しかし，(R1) では，

ケン〈名詞〉・〈記号〉⟨PER⟩ **宮崎**〈名詞〉⟨/PER⟩ 氏〈接尾〉

のように，「宮崎」だけが PER として抽出されます．

そこで，(R1) の拡張を考えます．

(R1') X ・ X 氏 → "X ・ X" は PER

という規則を追加しますと，「ケン・宮崎」は抽出できるようになります．しかし，

… 副〈接頭詞〉⟨PER⟩ **社長**〈名詞〉・〈記号〉 **福岡**〈名詞〉⟨/PER⟩
氏〈名詞〉が〈助詞〉…

のように，「社長 ・ 福岡」が PER として抽出されてしまいます．このように規則の追加による弊害が起きることがあります．

ルールベースは，規則の追加が容易で，個々の事象に対する詳細な調整が行いやすいという利点があります．しかし，人手による規則作成のコストや，規則管理というメンテナンスの問題が残ります．メンテナンスの問題としては，たとえば，上記のように (R1') の追加のように，新規の抽出だけを考えるのでなく，それによる誤りも増えることを考慮しなければなりません．また，(R2) と (R3) の順序を変えると，上記のような，「15 年ぶり」の「15 年」を DATE として抽出してしまうように，抽出の順番の考慮が必要となります．そのため，複数人での規則開発をすると，それらの統合が難しいという状況も生じます．

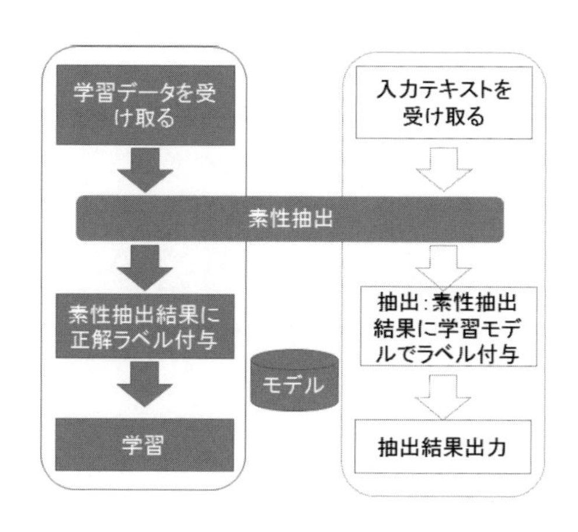

図 3.3　固有表現抽出のフロー

また，複雑な規則を書けるようにするためには，そのためのエンジンの開発も必要となり，規則作成者は，エンジンの仕様を理解する必要があります．

3.3　機械学習による固有表現抽出のための準備

本節では，以降の機械学習による固有表現抽出のための準備について説明します．機械学習による固有表現抽出は，固有表現タグ付きコーパスから，対象分野向けの抽出用のモデル・規則を自動的に獲得でき，また，大規模コーパスを用いることで高い精度が出せるといった利点から，近年，主流となってきています．

機械学習を用いる場合は，図 3.3 のような処理の流れとなります．本節では，第 2 章で説明した固有表現抽出用の教師データの作成後に，固有表現抽出への機械学習の適用のための

- 固有表現抽出のためのクラスラベル定義
- 固有表現抽出のためのラベル付き単語列への変換

について，説明します．

3.3.1 機械学習による固有表現抽出のためのクラスラベル定義

固有表現抽出では，一つの単語だけで固有表現が構成される場合だけでなく，複数の単語で一つの固有表現となる場合も考える必要があります．そこで，本項では，複数単語で構成される固有表現の表現方法の一つである，IOB2と呼ばれる以下の表現方法を用います[6]．それぞれの意味は，

[6] IOB2 以外のラベル表現方法については，A.2.1 項をご覧ください．

- B-NE：2 単語以上で固有表現を構成する単語列の先頭の単語あるいは単独で固有表現となる単語
- I-NE：2 単語以上で 固有表現 を構成する単語列の先頭以外の単語
- O：固有表現以外の単語

となります．B（先頭の単語），I（中の単語）という意味となり，ここでの NE とは，LOC，PER，DATE といった固有表現の種類に相当し，それぞれのタイプごとに，B-LOC， I-LOC といったように定義します．2.1 節の固有表現のクラスを，IOB2 で表現する場合は，表 3.1 の 9 種類のラベルが定義されます．

たとえば，「ABD 商事株式会社」が 「ORGANIZATION」で，

ABD 商事 株式会社

と分割されたとします．ここで，空白は単語の境界です．その場合，これら 3 単語が一つの ORGANIZATION の固有表現と表現する際は，

ABD/B-ORG 商事 /I-ORG 株式会社 / I-ORG

のように表現します．

3.3.2 教師データからのラベル付き単語列への変換

日本語における固有表現抽出用の教師データとしては，多くの場合，図 3.4 にあるように，タグ付きテキストで提供されます．その理由としては，日本語では単語の境界が自明でないため，単語の一部が固有表現となる場合もあり，単語単位でのタグ付けが難しいことがあります．日本語固有表現抽出の評価型ワークショップの IREX のデータ [4] や，拡張固有表現抽出 [5] のためのデータも，固有表現の箇所をタグ付けした形式となります．この情報は，brat の結果を処理することで変換できますので，こちらの形式で説明します．

機械学習で固有表現抽出を実現するための方法の一つとして，単語へのラ

表 3.1 図 1.1 の例における IOB2 表現での固有表現ラベル．“(” と “)” の間は本書で用いられる省略表記．

ラベルの意味	ラベル
ORGANIZATION を構成する単語列の先頭	B-ORGANIZATION (B-ORG)
ORGANIZATION を構成する単語列の先頭以外	I-ORGANIZATION (I-ORG)
LOCATION を構成する単語列の先頭	B-LOCATION (B-LOC)
LOCATION を構成する単語列の先頭以外	I-LOCATION (I-LOC)
PERSON を構成する単語列の先頭	B-PERSON (B-PER)
PERSON を構成する単語列の先頭以外	I-PERSON (I-PER)
DATE を構成する単語列の先頭	B-DATE
DATE を構成する単語列の先頭以外	I-DATE
固有表現以外	O

⟨PER⟩ ケン・宮崎 ⟨/PER⟩ 氏が社長を務める ⟨ORG⟩ABD 商事株式会社 ⟨/ORG⟩ は，⟨DATE⟩2017 年 6 月 1 日 ⟨/DATE⟩ 付けで，⟨ORG⟩ABD 食品株式会社 ⟨/ORG⟩ を ⟨LOC⟩ 福岡 ⟨/LOC⟩ に設立する．
⟨ORG⟩ABD 食品株式会社 ⟨/ORG⟩ の社長には，副社長・⟨PER⟩ 福岡二郎 ⟨/PER⟩ 氏が就任する．
⟨LOC⟩ 宮崎 ⟨/LOC⟩ に本社を置く ⟨ORG⟩ABD 商事株式会社 ⟨/ORG⟩ は ⟨DATE⟩1917 年 ⟨/DATE⟩ 創業で，10 年ぶりの分社化となる．

図 3.4 日本語固有表現抽出の学習のためのアノテーション結果の例

ベル付与する問題として定式化することができます．そのためには，以下のような手順で処理を行います．まず，図 3.4 にあるようなタグ付き学習データのうち，タグを除いたものを，形態素解析器を使って，単語を切り出した後に，各単語へのラベリングを行います．こちらも，コーパス作成の場合と同じく，日本語には明示的な単語の境界がないためです．

たとえば，図 3.4 のタグ付きテキストであれば，図 3.5 を出力するのが目的となります．また，必要に応じて，形態素解析器が付与する各単語の品詞情報も保持します．変換の詳細については，A.2.3 項，A.2.4 項を御覧ください．

3.4 機械学習による単語分類による固有表現抽出

本節では，機械学習による分類に基づく固有表現抽出を説明します．分類とは与えられた事例のクラスを判別することに相当します．本書の例では，

ケン	B-PER
・	I-PER
宮崎	I-PER
氏	O
が	O
社長	O
を	O
務める	O
ABD	B-ORG
商事	I-ORG
株式会社	I-ORG
は	O
，	O
:	

図 3.5 単語へのラベリングの例

分類器を用いて，各単語を表 3.1 の固有表現ラベルへの分類することで，固有表現を抽出します．分類器は，教師データを用いて，教師あり学習手法にて獲得します．

機械学習を用いる場合は，固有表現のタグを付与した学習用のコーパスを変換した，図 3.5 のようなラベル付きの単語列を基に学習を実施します．この場合，たとえば，日本語であれば形態素解析で単語列を切り出した後，対象単語やその 前後の単語の表記や品詞といった抽出の手掛かりとなる素性を定義することで，「“さん” が直後に出現する場合は PER の可能性が高い」といった学習が行われます．固有表現抽出における学習の利用は，各単語に固有表現ラベルを付与するモデルの獲得が目的となります．

3.4.1 学習事例から素性ベクトルの生成

機械学習を用いる場合，各単語のラベルを判別するために用いる手掛かりである素性を定義します．素性は「そせい」と読みます．また，別の分野では，「特徴（とくちょう）」と呼ばれることもあります．その後，各単語の固有表現ラベルを判別するための素性ベクトルを生成します．

固有表現抽出の素性としては，対象単語および前後の数単語の表記や品詞などの情報などを素性として定義し，上記の図のような単語列に正解ラベル列が付与されたデータを教師データとして，素性を手掛りに各単語に正しいラベルを付与できるように学習を行います.

ここでは，分類のための教師あり学習手法の一つである「パーセプトロン」を用いて説明します．固有表現抽出の素性としては，前後の 2 単語から得られる素性を中心に用いられることが多いです．単語から得られる情報とは，単語の表記に加えて，品詞や文字種などです.

たとえば，M 単語の入力 $\mathbf{X}_1$ ... $\mathbf{X}_M$ および 各単語に対応する品詞 $\mathbf{P}_1$ ... $\mathbf{P}_M$ があった場合，前後の 2 単語の単語情報を用いて， i 番目の単語の固有表現の種類を判別するためには，

> 現在位置の単語=$\mathbf{X}_i$，一つ前の単語=$\mathbf{X}_{i-1}$，二つ前の単語=$\mathbf{X}_{i-2}$， 一つ後の単語=$\mathbf{X}_{i+1}$，二つ後の単語=$\mathbf{X}_{i+2}$
> 現在位置の品詞=$\mathbf{P}_i$，一つ前の品詞=$\mathbf{P}_{i-1}$，二つ前の品詞=$\mathbf{P}_{i-2}$， 一つ後の品詞=$\mathbf{P}_{i+1}$，二つ後の品詞=$\mathbf{P}_{i+2}$

といった情報を使います．前後の単語の情報を使う理由としては，判別対象の単語に曖昧性があったり，辞書に登録されていなかった場合でも，

> 一つ後の単語=氏 → I-PER

のように，周辺の特定の単語を使って，固有表現の種類を判別することが可能となるからです.

単語，品詞および文字種を素性として利用する際に，表 3.2 は，太字の 3 単語目「宮崎」の固有表現の種類を判別するために，前後 2 単語の単語の表記および品詞，現在位置の単語の文字種を素性として使うイメージとなります．「$\mathbf{CT}_i$」とは i 番目の文字種です．品詞は，形態素解析器により付与される結果を用いることができます．形態素解析器には，mecab や JUMAN, JUMAN++などがあります[7]．文字種は文字コードを用いたり，各文字種に属する文字集合を定義することで，判別します.

表 3.3 は，太字の 9 単語目の固有表現の種類を判別するために，前後 2 単語の単語の表記および品詞，現在位置の単語の文字種を素性として使うイメージとなります.

このように固有表現のラベルを付与するために各単語に対して素性を抽出していきます.

学習を実行する際には，これらをベクトル表現に変換する必要があります．そのための一つの方法としては，各素性をベクトルの次元に割り当てて，対応する素性が存在する場合は 1，それ以外は 0 と二値の値のベクトルに変換

[7] MeCab： http://taku910.github.io/mecab/
JUMAN： http://nlp.ist.i.kyoto-u.ac.jp/index.php?JUMAN
JUMAN++： http://nlp.ist.i.kyoto-u.ac.jp/index.php?JUMAN++

表 3.2 「宮崎」の固有表現ラベル「I-PER」を判別するための素性抽出

i	$\mathbf{X}_i$	$\mathbf{P}_i$	$\mathbf{CT}_i$	ラベル
1	ケン	名詞	片仮名	B-PER
2	・	記号	記号	I-PER
3	**宮崎**	**名詞**	**漢字**	I-PER
4	氏	接尾	漢字	O
5	が	助詞	平仮名	O
6	社長	名詞	漢字	O
7	を	助詞	平仮名	O
8	務める	動詞	漢字+平仮名	O
9	ABD	名詞	アルファベット	B-ORG
10	商事	名詞	漢字	I-ORG
11	株式会社	名詞	漢字	I-ORG
12	は	助詞	平仮名	O
13	,	読点	記号	O

表 3.3 「ABD」の固有表現ラベル「B-ORG」を判別するための素性抽出

i	$\mathbf{X}_i$	$\mathbf{P}_i$	$\mathbf{CT}_i$	ラベル
1	ケン	名詞	片仮名	B-PER
2	・	記号	記号	I-PER
3	宮崎	名詞	漢字	I-PER
4	氏	接尾	漢字	O
5	が	助詞	平仮名	O
6	社長	名詞	漢字	O
7	を	助詞	平仮名	O
8	務める	動詞	漢字+平仮名	O
9	**ABD**	**名詞**	アルファベット	B-ORG
10	商事	名詞	漢字	I-ORG
11	株式会社	名詞	漢字	I-ORG
12	は	助詞	平仮名	O
13	,	読点	記号	O

する方法があります．ベクトルの次元数は素性の種類の数となります．

たとえば，表 3.2 にある 3 番目の単語の例では，単語の表記に関する素性だけを着目すると，表 3.4 のように対応する素性が出現する次元の値は 1，それ以外は 0 となります．この際，「現在位置の単語=宮崎」と「一つ前の単語=宮崎」のように，同じ単語であっても，出現位置によって，異なる素性となりますので，それぞれは違う次元に割り当てます．

表 3.4　表 3.2 の素性のベクトル表現の例

対応する素性名	素性の次元数	素性の値
二つ前の単語=ケン	1	1
二つ前の単語=を	2	0
：		
一つ前の単語=・	100	1
一つ前の単語=務める	101	0
：		
現在位置の単語=宮崎	200	1
現在位置の単語=ABD	201	0
：		
一つ後の単語=氏	300	1
一つ後の単語=商事	301	0
：		
二つ後の単語=が	401	1
二つ後の単語=株式会社	402	0
：		

表 3.5　表 3.3 の素性のベクトル表現の例 2

対応する素性名	素性の次元数	素性の値
二つ前の単語=ケン	1	0
二つ前の単語=を	2	1
：		
一つ前の単語=・	100	0
一つ前の単語=務める	101	1
：		
現在位置の単語=宮崎	200	0
現在位置の単語=ABD	201	1
：		
一つ後の単語=氏	300	0
一つ後の単語=商事	301	1
：		
二つ後の単語=が	401	0
二つ後の単語=株式会社	402	1
：		

たとえば，9 番目の単語の判別の例では，表 3.5 のようになります．

ベクトルで表現する場合は，x_i が i 次元目のベクトルの値とすると，表 3.4 は，

Algorithm 1 二値分類のためのパーセプトロンによる学習

入力：$\mathrm{T} = (y^{(1)}, \mathbf{x}^{(1)}), (y^{(2)}, \mathbf{x}^{(2)}), ..., (y^{(N-1)}, \mathbf{x}^{(N-1)}), (y^{(N)}, \mathbf{x}^{(N)})$
$\mathbf{w}$：モデルのベクトル．初期値は $\mathbf{0}$
最大繰り返し数 L
現在の繰り返し数 l = 1;
while l ≤ L **do**
  l = l+ 1;
  $(y, \mathbf{x})$ = RandomSelection(T) ; # ランダムに T から一つ事例を選択
  if $y\,\mathbf{x} \cdot \mathbf{w} \leq 0$ **then**
    $\mathbf{w} = \mathbf{w} + y\,\mathbf{x}$
  end if
end while
return $\mathbf{w}$

$$(x_1, x_2, \dots, x_{100}, x_{101}, \dots, x_{200}, x_{201}, \dots, x_{300}, x_{301}, \dots, x_{400}, x_{401}, \dots)$$
$$= (1, 0, ..., 1, 0, ..., 1, 0, ..., 1, 0, ..., 1,0, ...)$$

と対応する，x_1,x_{100}, x_{200}, x_{300}, x_{400} が 1 となったベクトルとなります．

表 3.5 は，

$$(x_1, x_2, \dots, x_{100}, x_{101}, \dots, x_{200}, x_{201}, \dots, x_{300}, x_{301}, \dots, x_{400}, x_{401}, \dots)$$
$$= (0, 1, ..., 0, 1, ..., 0, 1, ..., 0, 1, ..., 0, 1, ...)$$

と対応する次元が 1 となったベクトルとなります．

この例の「ケン」は一つ前および二つ前の単語が出現しないなど，指定した範囲内に単語が出現しない場合もあります．そのような場合は，BOS，EOS のような文頭・文末を示す素性を用いる方法が取られます．

3.4.2 固有表現抽出のための分類器の学習

各単語の固有表現ラベルを判別するための素性ベクトル変換後に，学習を行います．ここではパーセプトロンという学習手法を例に，説明を行います．学習時は，学習事例として，各単語の固有表現ラベルと素性ベクトルのペアを用います．

$l^{(i)}$ を i 番目の事例のラベル，$\mathbf{x}^{(i)}$ を i 番目の事例とし，全体で，N 事例あった場合，学習では

$$(l^{(1)}, \mathbf{x}^{(1)}), (l^{(2)}, \mathbf{x}^{(2)}), ..., (l^{(N-1)}, \mathbf{x}^{(N-1)}), (l^{(N)}, \mathbf{x}^{(N)})$$

を入力とし，それぞれの素性ベクトル $\mathbf{x}^{(1)}, ... \mathbf{x}^{(N)}$ に対して，正しい固有表現ラベルを付与するように学習します．l^i としては，対応する単語に付与されている B-PER，I-PER といった固有表現のラベルか，固有表現以外を示すラベル「O」となります．

図 3.5 の例では，$\mathbf{x}^{(1)}$ に相当する単語が「ケン」, $\mathbf{x}^{(2)}$ は「・」，$\mathbf{x}^{(3)}$ は「宮崎」，$\mathbf{x}^{(4)}$ は「氏」とした場合，ラベルは，$l^{(1)}$ = B-PER，$l^{(2)}$ = I-PER, $l^{(3)}$ = I-PER，$l^{(4)}$ = O， .... となります．$\mathbf{x}^{(1)}, ... \mathbf{x}^{(N)}$ は前項で説明したベクトル表現になります．

固有表現抽出では，通常，各単語に複数の固有表現ラベル候補から一つを付与するため，多値クラス分類となります．ここでは，多値クラス分類のための方法として，「one-versus-rest 法」という方法を用いたパーセプトロン [6] による例を説明します．

Algorithm 1 は二値分類のためのパーセプトロン学習の疑似アルゴリズムです．この方法ではラベルの種類数だけ分類器を作成します．それぞれの固有表現ラベルのための分類器を学習するために，目的の固有表現ラベルを持つ事例を「+1」，それ以外を「-1」とします．たとえば， B-PER の分類器を学習する場合は，l_i が B-PER の場合は， ラベルを「+1」，それ以外は，ラベルを「-1」と変換して学習を行います．one-versus-rest 法では，ラベルが $L_1, ... L_K$ と K 種類の場合，$\mathbf{w}_{L_k}$ を L_k のための重みベクトルとしますと，K 種類の重みベクトル $\mathbf{w}_{L_1}$, ... , $\mathbf{w}_{L_K}$ を学習することになります．

Algorithm 1 の $y_1, ..., y_n$ は，上記の方法で「+1」か「-1」に決めたものになります．

学習するのは重みベクトル $\mathbf{w}$ で，「+1」のラベルの事例には，内積

$$\mathbf{x} \cdot \mathbf{w}$$

が正の値，それ以外は負の値になるように $\mathbf{w}$ を調整していきます．たとえば，「B-PER」の学習では，「B-PER」の固有表現ラベルを持つ事例には正の値を与えるようにし，それ以外には，負の値を与えるようにするというのが目的になります．

パーセプトロンによる学習は次の手順で進めます．まず，n 個の学習事例集合 T から，一つ学習事例を選択します．続いて，現在の重みベクトル $\mathbf{w}$ において，正しく判別できるかの確認を行います．ここで，

- y が「+1」の事例に対して，$\mathbf{x} \cdot \mathbf{w}$ が 0 以下の値
- y が「-1」の事例に対して，$\mathbf{x} \cdot \mathbf{w}$ が 0 以上の値

と，「$y\,\mathbf{x} \cdot \mathbf{w}$」の計算結果が 0 以下となる場合誤りとなります．そこで，

$$\mathbf{w} = \mathbf{w} + y\,\mathbf{x}$$

として，$\mathbf{w}$ を更新します．このように各固有表現ラベル向けに重みベクトルを学習していきます．この方法により，たとえば，今回の例で，「B-PER」のための重みベクトルの学習では，「B-PER」の判別に関係があると考えられる「二つ後の単語=氏」に対応する次元の値が正の値，「B-PER」の判別にはあまり関係がないと考えられる「二つ後の単語=株式会社」に対応する次元の値が負の値になっていきます．A.6.1 項にパーセプトロンによる学習の動作例を載せます．

3.4.3　抽出

抽出時には，分類結果から得られるスコアを基に，入力の単語列に対しスコアが最大となる適切なラベル列を求めます．その際，固有表現抽出では，I-PER の後に，I-ORG が出現しないといった制約がありますので，出力は接続可能なラベル列である必要があります．

図 3.6 に誤ったラベル付け例を載せます．この例では，以下のようなラベル列としての誤りがあります．

- id 1 の単語「ケン」: 固有表現抽出の先頭を意味する「B-PER」や「O」など，文頭の単語に付与されるラベルではなくて，PER の中の単語の意味である「I-PER」がラベルとして付与されている．
- id 5 の単語「が」・6 の単語「社長」: 5 単語目は，次のラベルが「I-PER」にも関わらず「O」．6 単語目は，一つ前のラベルが「O」にも関わらず「I-PER」．たとえば，「B-PER I-PER」，「O B-PER」なら適切となる．
- id 10 の単語「商事」・id 11 の単語「株式会社」: 11 単語目は，次のラベルが「I-PER」にも関わらず「I-ORG」．12 単語目は，一つ前のラベルが「I-ORG」にも関わらず「I-PER」．たとえば，「B-PER I-PER」，「I-ORG I-PER」なら適切となる．

このような不適切なラベル列を出力しないための方法として，ラベルの連接可能性を考慮した Viterbi アルゴリズムを用いる方法があります．この Viterbi

id	単語	ラベル
1	ケン	I-PER
2	・	I-PER
3	宮崎	I-PER
4	氏	O
5	が	O
6	社長	I-PER
7	を	O
8	務める	O
9	ABD	B-ORG
10	商事	I-ORG
11	株式会社	I-PER
12	は	O
13	,	O
	:	

図 3.6　適切でない単語へのラベリングの例．下線付きのラベルが不適切なタグである箇所．

表 3.6　IOB2 における PER および ORG のラベル表現の連接可能性．一つ前 (P) と 現在位置 (L) に対し，接続可否 $(C_{\langle P,L\rangle})$ が，1 の場合は可，0 の場合は不可という意味．また，BOS は文頭，EOS は文末の意味．

$P \setminus L$	B-PER	I-PER	B-ORG	I-ORG	O	EOS
BOS	1	0	1	0	1	1
O	1	0	1	0	1	1
B-PER	1	1	1	0	1	1
I-PER	1	1	1	0	1	1
B-ORG	1	0	1	1	1	1
I-ORG	1	0	1	1	1	1

アルゴリズムでは，連接可能なラベル列のうち，スコアが最大になるものを選択します[8]．

表 3.6 は IOB2 におけるラベル表現の連接可能性を示したものになります．ここでは，$C_{\langle P,L\rangle}$ を，一つ前のラベル P と現在位置のラベル L が接続可能なら 1，それ以外は 0 とします．また，文頭に「BOS」というラベルを仮定します．BOS は，固有表現の先頭となるラベルである B-NE（NE は固有表現のクラス名）と 固有表現以外の O とだけ接続可能，つまり，$C_{\langle \mathrm{BOS,B\text{-}NE}\rangle}=1$，$C_{\langle \mathrm{BOS,O}\rangle}=1$，$C_{\langle \mathrm{BOS,I\text{-}NE}\rangle}=0$ となります．これにより，最初の単語は，固有表現の最初の単語か，O となります．

[8] 他には，文の先頭あるいは最後から，正しいラベル列を逐次的に決定する方法があります．こちらは，A.2.2 項をご覧ください．

Algorithm 2 Viterbi アルゴリズムに基づく固有表現抽出

入力単語列： $\mathbf{X} = \mathbf{X}_1, ..., \mathbf{X}_M$
ラベル集合：$\{L_1, ...\ L_K\}$. スコア関数： $s_{L_1}(\mathbf{x}),\ \ ..., s_{L_K}(\mathbf{x})$
$C_{\langle P,L\rangle}$: P と L が接続可能なら 1，それ以外は 0
$\delta_{\langle i,L\rangle}$: i 番目の単語がラベル L の時に文頭からのスコアの最大値．初期値 0.
$P_{\langle i,L\rangle}$: $\mathbf{X}_i$ がラベル L の場合の最大スコアとなる一つ前のラベル．
\# 入力単語列 $\mathbf{X}$ から 1 番目の単語に関する素性を抽出
$\mathbf{x} = \text{FeatureExtraction}(\mathbf{X}, 1)$
\#一つ前のラベルを BOS としてスコア計算
for $L \in \{L_1, ...L_K\}$ **do**
　$\delta_{\langle 1,L\rangle} = s_L(\mathbf{x}) \times C_{\langle \text{BOS},L\rangle}$
end for
for $i = 2$ **to** M **do**
　$\mathbf{x} = \text{FeatureExtraction}(\mathbf{X}, i)$ # i 番目の単語に関する素性抽出
　\#ラベルが L の場合，最大のスコアとなる一つ前のラベル $P_{\langle i,L\rangle}$ を選択
　for $L \in L_1, ...L_K$ **do**
　　$P_{\langle i,L\rangle} = \underset{P' \in L_1,...L_K}{\text{argmax}}\ \delta_{\langle i-1,P'\rangle} \times s_L(\mathbf{x}) \times C_{\langle P',L\rangle}$
　　$\delta_{\langle i,L\rangle} = \delta_{\langle i-1,P_{\langle i,L\rangle}\rangle} \times s_L(\mathbf{x}_i) \times C_{\langle P_{\langle i,L\rangle},L\rangle}$

　end for
end for
\#スコアが最大となる最後の単語に付与できるラベルを選択
$NE[M] = \underset{L \in \{L_1,...L_K\}}{\text{argmax}}\ \delta_{\langle M,L\rangle} \times C_{\langle L,\text{EOS}\rangle}$
\#$M-1$ から 1 番目の単語までの最大のスコアとなるラベル列を選択
for $i = M-1\ ...\ 2$ **do**
　$NE[i-1] = P_{\langle i,NE[i]\rangle}$
end for
return $NE[1], ..., NE[M]$

また，I-NE は，B-NE とだけ接続可能，つまり，$C_{\langle \text{B-NE,I-NE}\rangle}$ だけが 1，$C_{\langle \text{I-PER,I-ORG}\rangle}$ や $C_{\langle \text{B-PER,I-ORG}\rangle}$，$C_{\langle \text{O,I-ORG}\rangle}$ は 0 となります．B-NE と O はすべての一つの前のラベルに接続可能という扱いとなります．

Algorithm 2 が Viterbi アルゴリズムによるラベル列の選択を含む固有表現抽出となります．Viterbi アルゴリズムとは，動的計画法の一種であり，固有表現抽出であれば，最も高いスコアとなる適切な固有表現ラベル列を効率的に求めるために利用されます．

Viterbi アルゴリズムは，通常，確率を用いるため，0 から 1 の値を返す

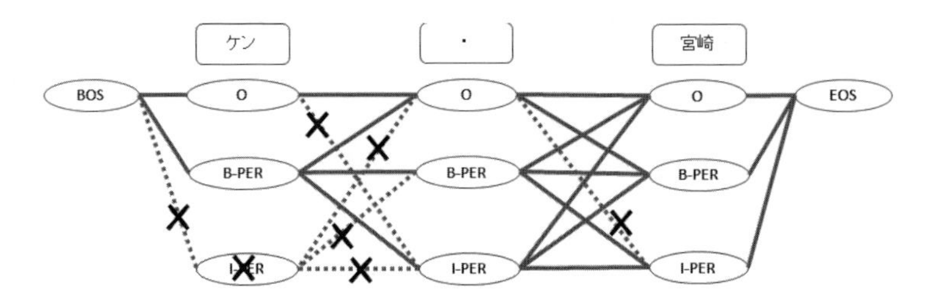

図 3.7 Viterbi アルゴリズムに基づく固有表現抽出のラベル列探索イメージ．×がついているノード・点線は，制約により探索対象から除外されたという意味．

$s_L(\mathbf{x})$ を用いることにします．パーセプトロンで学習した分類器のように，確率を出力しない場合は，$f_L(\mathbf{x})$ の値を用いて，

- シグモイド関数：$s_L(\mathbf{x}) = 1/(1+\exp(-\beta f_L(\mathbf{x})))$
- ソフトマックス関数：$s_L(\mathbf{x}) = \exp(f_L(\mathbf{x}))/\sum_{L' \in \{L_1,\ldots L_K\}} \exp(f_{L'}(\mathbf{x}))$

のように変換します．β はハイパーパラメータとなり，チューニングの対象となります．$s_L(\mathbf{x})$ は，$f_L(\mathbf{x})$ に対応して，入力事例に対してラベルの確からしさを表すスコア関数となりますが，値の範囲が 0 から 1 となる点が異なります．

固有表現抽出で Viterbi アルゴリズムを用いる場合は，固有表現ラベルには接続の可否がありますので，各単語の各ラベルにおいて，文頭からのスコアが最大となる接続可能なラベルとそのスコアを保持する必要があります．$\delta_{\langle i,L \rangle}$ は，i 番目の単語が L となる場合の文頭からの最大のスコア，$P_{\langle i,L \rangle}$ は，i 番目の単語が L となる場合で最大のスコアとなる一つ前のラベルとなります．

図 3.7 は Viterbi アルゴリズムに基づく固有表現抽出のラベル列の探索イメージとなります．こちらでは，PER と O の例になります．点線，×があるノード・パスは，制約により探索対象から除外されたという意味となります．すべてのパスを探索する場合と比較し，ラベル連接制約ありの場合は，探索範囲が限られます．その結果，PER の中の単語という意味である「I-PER」が文頭の単語に付与されない，固有表現以外の O の後に「I-PER」が付与されないといった，正しいタグ列が探索されることがわかります．

$C_{\langle P,L \rangle}$ は，接続の可能性を示すテーブルで，ラベル P と L が接続可能なら 1，それ以外は 0 とします．最初の単語については，一つ前のタグは BOS に限定して動作させます．続いて 2 番目の単語からは，スコアは，接続可能性 $C_{\langle P,L \rangle}$ 各ラベルのスコア $s_L(\mathbf{x})$ および，一つ前の単語のラベルが P となる

場合の文頭からのスコアの最大値 $\delta_{\langle i-1,P\rangle}$ を用いて計算していきます．最後のM番目の単語は，EOSに接続可能なラベルのうち，最大のスコアとなるラベルを選択し，$P_{\langle i,NE[i]\rangle}$ に保持された，ラベルが $NE[i]$ の場合の一つ前の最大のスコアとなるラベルを選択していくことで，最大のスコアとなる適切なラベル列を求めることができます．

3.5　線形構造学習による固有表現抽出

本節では，構造学習に基づく固有表現抽出を紹介します．前節にて紹介した固有表現抽出では，各単語に対して，固有表現のラベルを付与するモデルを学習しました．これに対し，構造学習による固有表現抽出では，入力の単語列から固有表現を抽出するモデルを学習します．ですので，学習・抽出時の処理の一単位が単語列であり，出力がラベル列となりますので，線形構造学習では，単語列を入力として固有表現を抽出するモデルを学習します．以降，線形構造学習の一つである線形構造化パーセプトロン [7] を例に説明します．

3.5.1　学習事例の定義

線形構造学習の学習事例は，図3.5のような，単語列とそれらに付与される正しいラベル列となります．3.4節にて紹介した固有表現抽出では，各単語に対して，固有表現のラベルを付与するモデルを学習しました．ですので，学習事例は，単語から得られる素性とそのラベルとなります．これに対し，線形構造学習では，単語列に対して正解ラベル列を付与するモデルを学習しますので，単語列と各ラベル列のペアから素性ベクトルが生成されます．正解事例は，単語列とその正しいラベル列のペアとなり，また，負例については，入力の単語列に対し付与され得る正しいラベル列以外のすべてのラベル列となります．負例については，正しいラベル列を基に自動で考慮されます．たとえば，

ケン　・　宮崎

の3単語に，「B-PER」，「I-PER」，「O」のラベルを付与する場合は，

B-PER B-PER B-PER
B-PER B-PER I-PER
B-PER B-PER O
B-PER I-PER B-PER
B-PER I-PER I-PER
B-PER I-PER O
:
O O O

のようなラベルパタンが考えられ，入力の単語列と正解のラベル列である「B-PER I-PER I-PER」から生成される素性ベクトルが正例となり，それ以外のラベル列から生成される素性ベクトルが負例となります．

3.5.2 素性ベクトルの生成

素性ベクトルは，単語列とそちらに付与されるラベル列から生成されます．各単語列に対し正解のラベル列を付与できるように学習を行うため，正例は，入力単語列と正解のラベル列から生成されるベクトル，負例は，入力単語列と正解以外のラベル列から生成されるベクトルとなります．長さ M の単語列に対し，K 種類のラベルを付与するのであれば，正例のラベル列は 1 通りに対し，負例は，$\mathrm{K}^M - 1$ 通りとなります．

ある単語列とそちらに対するラベル列が与えられた場合，単語ごとに素性を抽出し，それらすべてのベクトルを足し合わせた結果を素性ベクトルとして用います．表 3.7 が各単語を中心に素性を抽出するテンプレートの例となります．i 番目の単語を対象にしている場合は，たとえば，$\mathbf{X}_i$ 番目の単語にラベル $\mathbf{Y}_i$ が付与される場合は，$\langle \mathbf{X}_i, \mathbf{Y}_i \rangle$ という素性が，現在位置と一つ前の単語のラベルを素性とする場合は，$\langle \mathbf{Y}_i, \mathbf{Y}_{i-1} \rangle$ という素性が抽出されます．

図 3.8 は，

ケン ・ 宮崎 氏 が 社長

に対し，

B-PER I-PER I-PER O O

とラベル付けされる場合に，表 3.7 の定義にある素性を $i = 3$ の宮崎を中心に抽出する場合の素性抽出対象の範囲となります．このように，各単語に順

表 3.7　線形構造学習の素性の例

// w 番目の前後 2 語の単語表層と品詞
$\langle \mathbf{X}_i, \mathbf{Y}_i \rangle$, $\langle \mathbf{P}_i, \mathbf{Y}_i \rangle$, $\langle \mathbf{X}_{i-1}, \mathbf{Y}_i \rangle$,
$\langle \mathbf{P}_{i-1}, \mathbf{Y}_i \rangle$, $\langle \mathbf{X}_{i-2}, \mathbf{Y}_i \rangle$,$\langle \mathbf{P}_{i-2}, \mathbf{Y}_i \rangle$
$\langle \mathbf{X}_{i+1}, \mathbf{Y}_i \rangle$,$\langle \mathbf{P}_{i+1}, \mathbf{Y}_i \rangle$ $\langle \mathbf{X}_{i+2}, \mathbf{Y}_i \rangle$,$\langle \mathbf{P}_{i+2}, \mathbf{Y}_i \rangle$
$\langle \mathbf{Y}_i, \mathbf{Y}_{i-1} \rangle$

図 3.8　宮崎を中心とした線形構造学習の固有表現ラベルを判別するための素性抽出の例 1.「ケン ・ 宮崎」が,「B-PER I-PER I-PER」の場合. $\mathbf{Y}_i$ の列のようにラベル付与される仮定で素性抽出を行っている.

i	$\mathbf{X}_i$	$\mathbf{P}_i$	$\mathbf{Y}_i$
1	ケン	名詞	B-PER
2	・	記号	I-PER
3	**宮崎**	**名詞**	**I-**PER
4	氏	接尾	O
5	が	助詞	O
6	社長	名詞	O

↓

現在位置の単語=宮崎&現在位置のラベル=I-PER
現在位置の品詞=名詞&現在位置のラベル=I-PER
一つ前の単語=・&現在位置のラベル=I-PER
:
二つ後の品詞=助詞&現在位置のラベル=I-PER
一つ前のラベル=I-PER&現在位置のラベル=I-PER

番に素性抽出を実施し, 対応する次元に値を追加していきます. 正解のラベル列から生成された素性ベクトルは正例の事例となります.

図 3.9 は,

ケン ・ 宮崎 氏 が 社長

に対し,

B-ORG I-ORG I-ORG O O

とラベル付けされる場合に, 表 3.7 による素性を $i = 3$ の宮崎を中心に抽出する場合の素性抽出対象の範囲となります. こちらでは, $\mathbf{Y}_3$=I-ORG, $\mathbf{Y}_2$=I-ORG ですので, 図 3.8 からは, ラベルの箇所が異なる素性が抽出されます.

図 3.9 宮崎を中心とした線形構造学習の固有表現ラベルを判別するための素性抽出の例 2.「ケン ・ 宮崎」が,「B-ORG, I-ORG, I-ORG」の場合. $\mathbf{Y}_i$ の列のようにラベル付与される仮定で素性抽出を行っている.

i	$\mathbf{X}_i$	$\mathbf{P}_i$	$\mathbf{Y}_i$
1	ケン	名詞	B-ORG
2	・	記号	I-ORG
3	**宮崎**	**名詞**	**I-**ORG
4	氏	接尾	O
5	が	助詞	O
6	社長	名詞	O

↓

現在位置の単語=宮崎&現在位置のラベル=I-ORG
現在位置の品詞=名詞&現在位置のラベル=I-ORG
一つ前の単語=・&現在位置のラベル=I-ORG
:
二つ後の品詞=助詞&現在位置のラベル=I-ORG
一つ前のラベル=I-ORG&現在位置のラベル=I-ORG

このように固有表現のラベルを付与するために想定されるラベル列および単語列に対して素性を抽出していくことになります. 学習を実行する際には,これらをベクトル表現に変換する必要があります. そのための一つの方法としては, 今までと同様に各素性をベクトルの次元に割り当てて, 値を埋めていきます. ベクトルの次元数は素性の種類の数となります. 今までとの違いは, 単語列とラベル列からベクトルが生成されるため, 単語列とラベル列から生成されるベクトルが一つの事例となります. つまり, 各単語とその候補ラベルから生成されるベクトルの和が単語列とラベル列から生成される素性となります. たとえば, 一つ前までのラベルを考慮する場合には,

$$\Phi(\mathbf{X}, \mathbf{Y}) = \sum_{i=1}^{M} \phi(\mathbf{X}, \mathbf{Y}_i, \mathbf{Y}_{i-1}, i)$$

のように, M 単語から成る $\mathbf{X}$ の i 番目の位置と $\mathbf{Y}_i$, $\mathbf{Y}_{i-1}$ から生成される素性ベクトルが,

$$\phi(\mathbf{X}, \mathbf{Y}_i, \mathbf{Y}_{i-1}, i)$$

となり,

$$\Phi(\mathbf{X}, \mathbf{Y})$$

が $\mathbf{X}$ と $\mathbf{Y}$ から生成される素性ベクトルとなります．Φ，ϕ ともに，同次元のベクトルを返し，各単語を中心として生成された素性ベクトルの和で単語列の素性ベクトルを表現しています．

実際には，

$$\phi(\mathbf{X}, \mathbf{Y}_i, \mathbf{Y}_{i-1}, i) = \textstyle\sum_{j=1}^{d} \phi_j(\mathbf{X}, \mathbf{Y}_i, \mathbf{Y}_{i-1}, i)$$

のように，d 種類の素性を利用するために，d 次元のベクトルとするなら，単語列に対して，d 種類の素性関数を定義することになります．つまり，

$$\Phi(\mathbf{X}, \mathbf{Y}), \phi(\mathbf{X}, \mathbf{Y}_i, \mathbf{Y}_{i-1}, i), \phi_j(\mathbf{X}, \mathbf{Y}_i, \mathbf{Y}_{i-1}, i) \in \mathbb{R}^d$$

となります．$\mathbb{R}^d$ とは d 次元のベクトルという意味です．

今までの例ですと，表 3.7 の $\langle \mathbf{X}_i, \mathbf{Y}_i \rangle$ や $\langle \mathbf{Y}_i, \mathbf{Y}_{i-1} \rangle$ といった各素性定義が $\phi_j(\mathbf{X}, \mathbf{Y}_i, \mathbf{Y}_{i-1}, i)$ に相当し，表 3.7 全体が $\phi(\mathbf{X}, \mathbf{Y}_i, \mathbf{Y}_{i-1}, i)$ に相当します．$\Phi(\mathbf{X}, \mathbf{Y})$ は，表 3.7 に基づいて入力 $\mathbf{X}$ と，そのラベル列 $\mathbf{Y}$ が与えられた際に，各単語から素性ベクトルを抽出した和となります．

$\phi_j(\mathbf{X}, \mathbf{Y}_i, \mathbf{Y}_{i-1}, i)$ については，素性抽出結果を各ベクトルの次元にマッピングするため，条件を満たした場合に対応する次元の値が 1 でそれ以外が 0 であるベクトルを返し，条件を満たさない場合は，0 ベクトルを返します．たとえば，

$$\phi_{100}(\mathbf{X}, \mathbf{Y}_i, \mathbf{Y}_{i-1}, i)$$

が 100 番目の素性関数で，i 番目の単語を基点に，

$$\begin{cases} 100\text{ 次元目が 1 でそれ以外が 0 のベクトル} & \mathbf{X}_{i-1} = \text{ケン} \wedge \mathbf{Y}_i = \text{I-PER} \\ 0\text{ ベクトル} & Otherwise \end{cases}$$

のように定義したり，

$$\phi_{203}(\mathbf{X}, \mathbf{Y}_i, \mathbf{Y}_{i-1}, i)$$

が 203 番目の素性関数で，

$$\begin{cases} 203\text{ 次元目が 1 でそれ以外が 0 のベクトル} & \mathbf{X}_{i} = \text{宮崎} \wedge \mathbf{Y}_i = \text{I-PER} \\ 0\text{ ベクトル} & Otherwise \end{cases}$$

のように定義したります．これらの定義により，単語列とラベル列から構成される表 3.8 のような素性ベクトルが生成されます．図 3.8 では，「氏」が「O」

表 3.8 図 3.8 全体の素性のベクトル表現の例

対応する素性名	素性の次元数	素性の値
二つ前の単語=ケン&現在位置のラベル=I-PER	1	1
二つ前の単語=・&現在位置のラベル=O	2	1
二つ前の単語=宮崎&現在位置のラベル=O	3	1
⋮		
一つ前の単語=ケン&現在位置のラベル=I-PER	100	1
一つ前の単語=・&現在位置のラベル=I-PER	101	1
一つ前の単語=宮崎&現在位置のラベル=O	102	1
⋮		
現在位置の単語=ケン&現在位置のラベル=B-PER	201	1
現在位置の単語=・&現在位置のラベル=I-PER	202	1
現在位置の単語=宮崎&現在位置のラベル=I-PER	203	1
現在位置の単語=氏&現在位置のラベル=O	204	1
現在位置の単語=が&現在位置のラベル=O	205	1
現在位置の単語=社長&現在位置のラベル=O	206	1
現在位置の単語=ケン&現在位置のラベル=B-ORG	207	0
現在位置の単語=・&現在位置のラベル=I-ORG	208	0
現在位置の単語=宮崎&現在位置のラベル=I-ORG	209	0
⋮		
一つ前のラベル=BOS&現在位置のラベル=B-PER	301	1
一つ前のラベル=B-PER&現在位置のラベル=I-PER	302	1
一つ前のラベル=I-PER&現在位置のラベル=O	303	1
一つ前のラベル=O&現在位置のラベル=O	304	2
一つ前のラベル=BOS&現在位置のラベル=B-ORG	305	0
一つ前のラベル=B-ORG&現在位置のラベル=I-ORG	306	0
一つ前のラベル=I-ORG&現在位置のラベル=O	307	0
⋮		

で「が」が「O」,「が」が「O」で「社長」が「O」と,「一つ前のラベル=O&現在位置のラベル=O」と 2 回出現しますので,表 3.8 のように対応する素性の値も「2」となります.存在しないラベルとの組合せの次元の値は 0 となっています.

3.5.3 抽出・学習

線形構造化パーセプトロンの学習は,抽出とモデル更新を繰り返し行うことで実施されます.

図 3.10 は線形構造学習による固有表現抽出のイメージとなります.IOB2

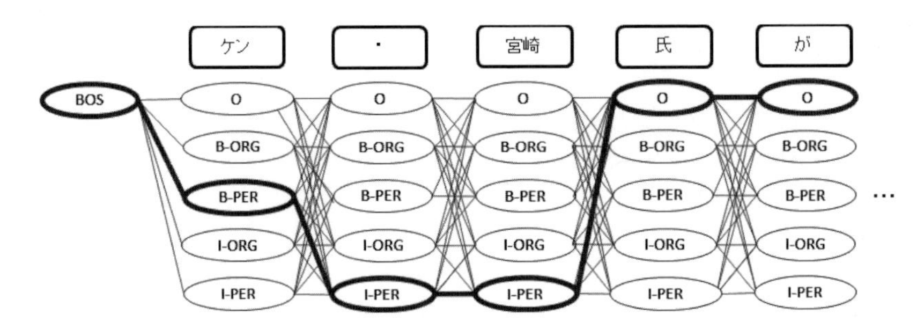

図 3.10 線形構造学習による固有表現抽出の例

に基づく PER と ORG の抽出においては,「ケン・宮崎氏が・・・」に対する付与対象の 5 種類のラベルで構成されるラティスとなります.ここでの,BOS は文頭のラベルを意味します.第 3 章では,各単語に正しいラベルが付与できるように,重みベクトルを学習していました.これに対し,構造学習を利用する際は,単語列に対し,付与される候補のラベル列の中から,太線の正しいラベル列を選択できるように素性の重みを学習します.

たとえば,

ケン ・ 宮崎 氏

を入力とするなら,

B-PER I-PER I-PER O

と付与するのが正解となります.一方,「B-PER I-PER I-PER I-PER」,「B-PER I-PER I-PER B-PER」「B-PER I-PER B-PER O」,「B-PER I-PER O O」,など,正解以外のラベル列は,誤りとなります.

Algorithm 3 は,構造学習手法の一つである構造化パーセプトロンの擬似アルゴリズムとなります.

こちらでは,

$$\begin{aligned}\mathbf{X}^{(1)} &= \langle \text{ケン ・ 宮崎 氏} \rangle \\ \mathbf{Y}^{(1)} &= \langle \text{B-PER I-PER I-PER O} \rangle\end{aligned}$$

のように,ラベル列と単語列が入力となります.

ここでは,上記二つのペアが与えられたとします.学習においては,まず,

$$\mathbf{Y}^* = \underset{\mathbf{Y}' \in \mathcal{Y}(\mathbf{X})}{\operatorname{argmax}}\ \mathbf{w} \cdot \Phi(\mathbf{X}, \mathbf{Y}')$$

Algorithm 3 線形構造化パーセプトロンによる学習

入力： $T = (\mathbf{X}^{(1)}, \mathbf{Y}^{(1)}), (\mathbf{X}^{(2)}, \mathbf{Y}^{(2)}), \ldots, (\mathbf{X}^{(N-1)}, \mathbf{Y}^{(N-1)}), (\mathbf{X}^{(N)}, \mathbf{Y}^{(N)})$
$\mathbf{w}$：モデルのベクトル．初期値は $\mathbf{0}$
最大繰り返し数 L
現在の繰り返し数 $l = 1$;
while $l \leq L$ **do**
　$l = l + 1$;
　$(\mathbf{Y}, \mathbf{X}) = \mathrm{RandomSelection}(T)$; # ランダムに T から一つ事例を選択
　$\mathbf{Y}^* = \underset{\mathbf{Y}' \in \mathcal{Y}(\mathbf{X})}{\mathrm{argmax}}\, \mathbf{w} \cdot \Phi(\mathbf{X}, \mathbf{Y}')$
　if $\mathbf{Y} \neq \mathbf{Y}^*$ **then**
　　$\mathbf{w} = \mathbf{w} + \Phi(\mathbf{X}, \mathbf{Y}) - \Phi(\mathbf{X}, \mathbf{Y}^*)$
　end if
end while
return $\mathbf{w}$

の計算を行います．ここでは，

$$\Phi(\mathbf{X}, \mathbf{Y}')$$

が，$\mathbf{X}$ に対して，ラベル列 $\mathbf{Y}'$ が付与される際の素性ベクトルとなります．つまり，素性ベクトルは，入力とラベル列のペアから生成されます．$\mathbf{Y}'$ は，

$$\mathbf{Y}' \in \mathcal{Y}(\mathbf{X})$$

にあります，入力 $\mathbf{X}$ に対して付与され得るすべてのラベル候補の一つとなります．$\mathcal{Y}(\mathbf{X})$ は，$\mathbf{X}$ に付与され得るラベル列の集合です[9]．

$\mathbf{w}$ が学習する重みベクトルになります．

現在の正解のラベル列 $\mathbf{Y}$ と $\mathbf{Y}^*$ が同一でない場合は，重みの更新が行われます．

$$\mathbf{w} = \mathbf{w} + \Phi(\mathbf{X}, \mathbf{Y}) - \Phi(\mathbf{X}, \mathbf{Y}^*)$$

が更新式になります．$\Phi(\mathbf{X}, \mathbf{Y})$ が正解のラベル列から生成される素性ベクトリになり，$\Phi(\mathbf{X}, \mathbf{Y}^*)$ がスコアが最も高い不正解のラベル列から生成される素性ベクトルになります．この更新により，正解ラベル列に関する素性が高い重みを持つようになり，不正解ラベル列に関する素性が低い重みを持つようになります．たとえば，上記の $\mathbf{X}^{(1)}$ に対して，

$$\mathbf{Y}^* = \langle \mathrm{O\ O\ O\ O} \rangle$$

[9] 実際の実装では，計算効率の問題から，すべてのラベル列を列挙して，計算をすることは行いません．こちらの説明は，A.6.2 項をご覧ください．

とラベル付与された場合は，

$$\mathbf{w} = \mathbf{w} + \Phi(\mathbf{X}^{(1)}, \langle \text{B-PER I-PER I-PER O} \rangle) - \Phi(\mathbf{X}^{(1)}, \langle \text{ O O O O } \rangle)$$

と更新することになり，$\Phi(\mathbf{X}^{(1)}, \langle \text{B-PER I-PER I-PER O} \rangle)$ にて「ケン」，「・」，「宮崎」にそれぞれ，B-PER，I-PER，I-PER を付与するようにモデルが更新され，また，「O」，「O」，「O」を付与しないように，$\Phi(\mathbf{X}^{(1)}, \langle \text{O O O O} \rangle)$ にてモデルが更新されます．「氏」については，O と正しく付与されていますので，「I-PER O」という正しいラベルの連接および「O O」という誤ったラベルの連接に関する更新が行われます．

3.6　セミマルコフモデルによる固有表現抽出

本節では，セミマルコフモデルに基づく構造学習の一つであるセミマルコフパーセプトロン [8] を例に説明します．

セミマルコフモデルにおいては，単一の単語だけでなく，2 単語以上から構成される単語のチャンクをノードとするラティス上において，単語および単語チャンクに対してラベル付けを行います．

ラベルの種類は，固有表現のクラスに対応するラベルと固有表現以外を示す O となります．

図 3.11 は，PERSON (PER)，ORGANIZATION (ORG) の抽出において，対象のラベルで構成されるラベルのラティスとなります．BOS は文頭のラベルを意味します．また，O は二つ以上の単語で構成されるチャンクには付与しないとしています．太線が正しいパスとなり，5 単語で構成される「ケン・宮崎 氏 が」に対して，

ケン・宮崎 [PER] 氏 [O] が [O] ・・・

のように，単語ではなく，チャンク「ケン・宮崎」を，「PER」として抽出し，「氏」，「が」をそれぞれ「O」として抽出するという意味になります．セミマルコフモデルでは，チャンクを仮定しますので，“[” と “]” の間をチャンクとしますと，

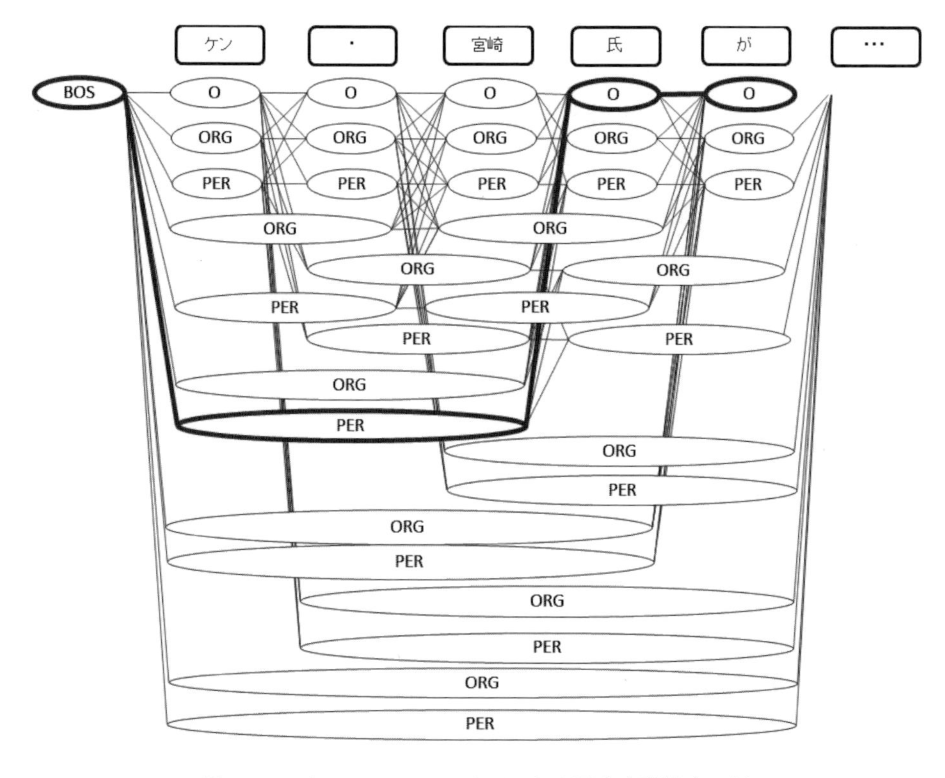

図 3.11 セミマルコフモデルによる固有表現抽出の例

[ケン] [・] [宮崎] [氏] [が]
[ケン ・] [宮崎] [氏] [が]
[ケン ・ 宮崎] [氏] [が]
[ケン ・ 宮崎 氏] [が]
[ケン ・ 宮崎 氏 が]
:
[ケン ・ 宮崎] [氏 が]
:

のように，想定されるチャンク列に対してラベルを付与することになります．

3.6.1 学習事例の定義

学習事例としては，図 3.12 のように，単語列とその正解のラベル列の組と，今までと同じ，IOB2 形式で与えることが可能です．ただし，内部での扱い

i	$\mathbf{X}_i$	$\mathbf{P}_i$	$\mathbf{Y}_i$	
1	ケン	名詞	B-PER	
2	・	記号	I-PER	←「ケン・宮崎」を PER として抽出
3	宮崎	名詞	I-PER	
4	氏	接尾	O	←「氏」を O として抽出
5	が	助詞	O	←「が」を O として抽出
6	社長	名詞	O	←「社長」を O として抽出

図 3.12　セミマルコフモデルにおける学習事例の与え方の一例と意味

では，「ケン」が「B-PER」，「・」が「I-PER」，「宮崎」が「I-PER」なので，「ケン・宮崎」を「PER」として抽出し，「氏」，「が」，「社長」については，「O」として抽出するという意味となります．

今までの単語へのラベル付与の問題と違い，セミマルコフモデルでは，チャンクに固有表現のクラスを付与する問題となります．ですので，学習で扱うクラス数は，固有表現の種類数 + 1 (固有表現以外の O) となります．今までの例では，「PER」，「ORG」，「DATE」，「O」の 4 種類となります．

3.6.2　素性ベクトルへの変換

チャンク列とそのラベル列を入力とし，チャンクとそのラベルごとに素性ベクトルへの変換を行い，最終的に線形構造学習と同じように，チャンク列とそのラベル列のペアに対して，一つのベクトルを定義することになります．表 3.10 が素性の定義の例となります．

図 3.13 が，チャンク「ケン・宮崎」がラベル「PER」となる場合の素性抽出の例です．チャンクおよびチャンクの前後 2 単語から素性を抽出します．一つの単語だけでなく，複数単語から構成される単語チャンクも扱うことができるため，単語へのラベル付与と異なり，[ケン ・ 宮崎] であれば，「現在のチャンク=ケン・宮崎&現在位置のラベル=PER」，「チャンクの最初の単語=ケン&現在位置のラベル=PER」，「チャンクの最後の単語=宮崎&現在位置のラベル=PER」といった，単語にラベルを付与する固有表現抽出では扱えない素性を導入することができます．また，図 3.14 が，チャンク「氏」がラベル「O」となる場合の素性抽出の例です．この場合は，一つの単語から構成されるチャンクのため，「チャンクの先頭の単語」や「チャンクの最後の単語」に関する素性はなく単語にラベルを付与する場合と同じような素性となります．このように，チャンク列とラベル列の組を入力とし，それぞれのチャン

i	j	$\mathbf{X}_i$	$\mathbf{P}_i$	$\mathbf{C}_j$	$\mathbf{Y}_j$
1		ケン	名詞		
2	1	・	記号	ケン・宮崎	PER
3		宮崎	名詞		
4	2	氏	接尾	O	
5	3	が	助詞	O	
6	4	社長	名詞	O	

↓

現在のチャンク=ケン・宮崎&現在位置のラベル=PER
チャンクの最初の単語=ケン&現在位置のラベル=PER
チャンクの最後の単語=宮崎&現在位置のラベル=PER
:
チャンクの一つ後の単語=氏&現在位置のラベル=PER
:
チャンクの二つ後の品詞=助詞&現在位置のラベル=PER
:
一つ前のラベル=BOS&現在位置のラベル=PER

図 3.13 セミマルコフモデルにおけるチャンク「ケン・宮崎」の前後 2 単語からの素性抽出例.

クとそのラベルの組に対し，順次素性を抽出し，ベクトルに変換し，それらの結果を足し合わせた結果が，入力に対するベクトルとなります．表 3.9 は，チャンク列とラベル列に対する素性ベクトルの例です．

素性ベクトルは，線形構造学習と同じように，チャンク列 $\mathbf{C}$ とラベル列 $\mathbf{Y}$ から生成されて，

$$\Phi(\mathbf{C}, \mathbf{Y}) = \sum_{j=1}^{\mathbf{C}} \phi(\mathbf{C}, \mathbf{Y}_j, \mathbf{Y}_{j-1}, j)$$

のように ベクトルにマッピングします．M 単語から成るチャンク列 $\mathbf{C}$ の j 番目の位置と $\mathbf{Y}_j$，$\mathbf{Y}_{j-1}$ から生成される素性ベクトルが，

$$\phi(\mathbf{C}, \mathbf{Y}_j, \mathbf{Y}_{j-1}, j)$$

となり，

$$\Phi(\mathbf{C}, \mathbf{Y})$$

が $\mathbf{C}$ と $\mathbf{Y}$ から生成される素性ベクトルとなります．「$\phi(\mathbf{C}, \mathbf{Y}_j, \mathbf{Y}_{j-1}, j)$」が，図 3.13，図 3.14 に対応し，「$\Phi(\mathbf{C}, \mathbf{Y})$」が各チャンクとラベルの組を足し合

i	j	$\mathbf{X}_i$	$\mathbf{P}_i$	$\mathbf{C}_j$	$\mathbf{Y}_j$
1		ケン	名詞		
2	1	・	記号	ケン・宮崎	PER
3		宮崎	名詞		
4	2	**氏**	**接尾**	**氏**	**O**
5	3	が	助詞	が	O
6	4	社長	名詞	社長	O

↓

現在のチャンク=氏&現在位置のラベル=O
:
チャンクの一つ後の単語=が&現在位置のラベル=O
:
チャンクの二つ後の品詞=名詞&現在位置のラベル=O
:
チャンクの一つ前の単語=宮崎&現在位置のラベル=O
:
一つ前のラベル=PER&現在位置のラベル=O

図 3.14　セミマルコフモデルにおけるチャンク「氏」の前後 2 単語からの素性抽出例.

わせたもので，表 3.9 に対応します.

Φ，ϕ ともに，同次元のベクトルを返し，各チャンクを中心として生成された素性ベクトルの和でチャンク列の素性ベクトルを表現しています．実際には，線形構造学習と同様に，

$$\phi(\mathbf{C}, \mathbf{Y}_j, \mathbf{Y}_{j-1}, j) = \sum_{j=1}^{d} \phi_j(\mathbf{C}, \mathbf{Y}_j, \mathbf{Y}_{j-1}, j)$$

のように，d 種類の素性を利用するために，d 次元のベクトルとするなら，d 種類の素性関数を定義することになります.

たとえば，

$$\phi_1(\mathbf{C}, \mathbf{Y}_j, \mathbf{Y}_{j-1}, j)$$

が 1 番目の素性関数で，

$$\begin{cases} \text{1 次元目が 1 でそれ以外が 0 のベクトル} & \mathbf{C}_j \text{がケン・宮崎} \wedge \mathbf{Y}_j = \mathrm{PER} \\ \text{0 ベクトル} & \mathit{Otherwise} \end{cases}$$

のように，チャンク全体の文字列を用いた素性を定義したり，

$$\phi_3(\mathbf{C}, \mathbf{Y}_j, \mathbf{Y}_{j-1}, j)$$

表 3.9 セミマルコフモデルにおける図 3.12 全体の素性のベクトル表現の例

対応する素性名	素性の次元数	素性の値
現在のチャンク=ケン・宮崎&現在位置のラベル=PER	1	1
チャンクの最初の単語=ケン&現在位置のラベル=PER	2	1
チャンクの最後の単語=宮崎&現在位置のラベル=PER	3	1
現在のチャンク=ケン・宮崎&現在位置のラベル=ORG	4	0
チャンクの最初の単語=ケン&現在位置のラベル=ORG	5	0
チャンクの最後の単語=宮崎&現在位置のラベル=ORG	6	0
現在のチャンク=氏&現在位置のラベル=O	7	1
現在のチャンク=氏&現在位置のラベル=PER	8	0
⋮		
チャンクの一つ後の単語=氏&現在位置のラベル=PER	100	1
チャンクの一つ後の単語=氏&現在位置のラベル=ORG	101	0
チャンクの一つ後の単語=が&現在位置のラベル=O	102	1
⋮		
チャンクの二つ後の品詞=助詞&現在位置のラベル=PER	201	1
チャンクの二つ後の品詞=助詞&現在位置のラベル=ORG	202	0
チャンクの二つ後の品詞=名詞&現在位置のラベル=O	203	1
⋮		
チャンクの一つ前の単語=宮崎&現在位置のラベル=O	301	1
⋮		
一つ前のラベル=BOS&現在位置のラベル=PER	401	1
一つ前のラベル=BOS&現在位置のラベル=ORG	402	0
一つ前のラベル=PER&現在位置のラベル=O	403	1
⋮		

が 3 番目の素性関数で，

$$\begin{cases} 3\text{ 次元目が 1 でそれ以外が 0 のベクトル} & \mathbf{C}_j\text{の最後の単語} = \text{宮崎} \wedge \mathbf{Y}_j = \text{PER} \\ 0\text{ ベクトル} & \textit{Otherwise} \end{cases}$$

のように，チャンクの一部の単語を用いた素性を定義したり，

$$\phi_{100}(\mathbf{C}, \mathbf{Y}_j, \mathbf{Y}_{j-1}, j)$$

が 100 番目の素性関数で，

$$\begin{cases} 100\text{ 次元目が 1 でそれ以外が 0 のベクトル} & \mathbf{C}_j\text{の一つ隣} = \text{氏} \wedge \mathbf{Y}_j = \text{PER} \\ 0\text{ ベクトル} & \textit{Otherwise} \end{cases}$$

表 3.10　セミマルコフモデルの素性定義の例．bp, ep はチャンクの先頭および最後の単語の位置．j はチャンクの位置．

$\langle \mathbf{X}_{bp}, \mathbf{Y}_j \rangle$, $\langle \mathbf{P}_{bp}, \mathbf{Y}_j \rangle$,
$\langle \mathbf{X}_{ep}, \mathbf{Y}_j \rangle$, $\langle \mathbf{P}_{ep}, \mathbf{Y}_j \rangle$, $\langle \mathbf{X}_{ip}, \mathbf{Y}_j \rangle$,$\langle \mathbf{P}_{ip}, \mathbf{Y}_j \rangle$,
$\langle \mathbf{X}_{bp}, \mathbf{X}_{ep}, \mathbf{Y}_j \rangle$, $\langle \mathbf{P}_{bp}, \mathbf{P}_{ep}, \mathbf{Y}_j \rangle$,
$\langle \mathbf{X}_{bp-1}, \mathbf{Y}_j \rangle$, $\langle \mathbf{P}_{bp-1}, \mathbf{Y}_j \rangle$, $\langle \mathbf{X}_{bp-2}, \mathbf{Y}_j \rangle$, $\langle \mathbf{P}_{bp-2}, \mathbf{Y}_j \rangle$,
$\langle \mathbf{X}_{ep+1}, \mathbf{Y}_j \rangle$, $\langle \mathbf{P}_{ep+1}, \mathbf{Y}_j \rangle$, $\langle \mathbf{X}_{ep+2}, \mathbf{Y}_j \rangle$, $\langle \mathbf{P}_{ep+2}, \mathbf{Y}_j \rangle$,

Algorithm 4 セミマルコフパーセプトロンによる学習

```
入力： T = (X^(1), Y^(1)), (X^(2), Y^(2)), .... , (X^(N-1), Y^(N-1)), (X^N, Y^N),
w：モデルのベクトル．初期値は 0
最大繰り返し数 L
現在の繰り返し数 l = 1;
while l ≤ L do
  l = l + 1;
  (X, Y) = RandomSelection(T) ; # ランダムにTから一つ事例を選択
  #スコアが最大となるチャンク列およびそのラベル列を計算
  C*, Y* = argmax_{C'∈C(X)∧Y'∈Y(C')} w · Φ(C', Y')
  C = C(X,Y) # 入力単語列 X およびチャンクへのラベル列 Y から得られるチャンク列
  if Y ≠ Y* or C ≠ C* then
    w = w + Φ(C, Y) − Φ(C*, Y*)
  end if
end while
return w
```

のようにチャンクの前後の単語から得られる情報を用いた素性を定義したりします．

このように，セミマルコフモデルは，単語へのラベル付与による固有表現抽出では扱えない新たな素性が利用可能となりますが，入力文中の単語数が増加するにつれて，対象のチャンク数が増加し計算量も増加するという欠点があります．

3.6.3　抽出・学習

セミマルコフモデルの学習例を，セミマルコフパーセプトロンを例に説明します．セミマルコフパーセプトロンでは，線形構造化パーセプトロンと同様，抽出を行ったあとに，学習としてモデルの更新を行います．Algorithm 4

が擬似アルゴリズムになります．線形構造学習とセミマルコフモデルの違いは，線形構造学習は，単語列に対して，ラベル列を付与することが目的でしたが，セミマルコフモデルの学習では，チャンクの列を認識して，ラベル列を付与するという点にあります．

学習にあたっては，以下に，現在のモデル $\mathbf{w}$ を用いて，現在の単語列 $\mathbf{X}$ に対して，スコアが最大となるチャンク列 $\mathbf{C}^*$ およびそのラベル列 $\mathbf{Y}^*$ を計算します．

$$\mathbf{C}^*, \mathbf{Y}^* = \underset{\mathbf{C}' \in \mathcal{C}(\mathbf{X}) \wedge \mathbf{Y}' \in \mathcal{Y}(\mathbf{C}')}{\text{argmax}} \mathbf{w} \cdot \Phi(\mathbf{C}', \mathbf{Y}')$$

この際，

$$\mathbf{C}' \in \mathcal{C}(\mathbf{X})$$

が 単語列 $\mathbf{X}$ から生成されるチャンク列のうちの一つとなり，

$$\mathbf{Y}' \in \mathcal{Y}(\mathbf{C}')$$

が チャンク列 $\mathbf{C}'$ に付与され得るラベル列の一つとなります．$\mathcal{C}(\mathbf{X})$ が $\mathbf{X}$ にから生成され得るチャンク列集合，$\mathcal{Y}(\mathbf{C}')$ は，$\mathbf{C}'$ に付与され得るラベル列の集合です[10]．

モデルの更新は，

$$\mathbf{C} = \mathrm{C}(\mathbf{X}, \mathbf{Y})$$

の $\mathbf{C}$ を，単語列 $\mathbf{X}$ とチャンクのラベル列 $\mathbf{Y}$ から得られる，正解のチャンク列としますと，

$$\mathbf{Y} \neq \mathbf{Y}^*$$

のラベル列が間違っている場合，

$$\mathbf{C} \neq \mathbf{C}^*$$

のチャンク列が間違っている場合に実行されます．更新式は，

$$\mathbf{w} = \mathbf{w} + \Phi(\mathbf{C}, \mathbf{Y}) - \Phi(\mathbf{C}^*, \mathbf{Y}^*)$$

となりまして，

$$\Phi(\mathbf{C}, \mathbf{Y})$$

10) 実際の実装では，計算効率の問題から，すべてのチャンク列とそれらのラベル列を列挙して，計算をすることは行いません．こちらの説明は，A.6.3 項をご覧ください．

で正しいチャンク列およびラベル列が生成されるように重みベクトル $\mathbf{w}$ が更新され，

$$\Phi(\mathbf{C}^*, \mathbf{Y}^*)$$

で誤ったチャンク列およびラベル列が生成されるように重みベクトルが更新されます．

3.7 リカレントニューラルネットワークによる固有表現抽出

本章では，リカレントニューラルネットワーク (RNN) による固有表現抽出を紹介します．RNN による学習・抽出では，今まで説明した方法と異なり，入力の考え方が異なります．RNN では，多くの場合，単語を d 次元のベクトルで表現する「単語分散表現」を用います．まず，単語分散表現について説明し，RNN のうち，long short-term memory (LSTM) に基づく固有表現抽出の一例を紹介します．ニューラルネットワークの学習では，フォワード処理とバックワードの処理から構成されます．固有表現抽出であれば，フォワード処理は抽出にあたり，バックワードの処理が学習時のパラメータ更新にあたります．

現在利用できる Chainer [11]，TensorFlow [12]，DyNet [13]，PyTorch [14] といったフリーのニューラルネットワークのライブラリでは，LSTM を含め数多くの機能が提供されております．

11) https://chainer.org/

12) https://www.tensorflow.org/

13) https://github.com/clab/dynet

14) https://pytorch.org/

また，これらのライブラリはバックワード処理内部で自動微分が実装されています。自動微分は、バックプロパゲーションによって、フォワード処理で利用されたパラメータの勾配を計算してくれます。そのため、学習に必要なパラメータの勾配の計算をユーザ自身で実装する必要はありません。

ですので，学習データが準備でき，抽出手法のフォワード処理を実装できれば，学習まで行えるようになります．このような背景から，本節では，抽出処理に焦点を置いて説明します．自動微分に関する説明は，文献 [9] の 2.5.1 項に説明がありますので，そちらをご覧ください．

3.7.1 単語分散表現

まず，RNN による情報抽出に限らず，自然言語処理にて広く利用されている単語分散表現の概要を説明します.

今までの固有表現抽出の説明では単語の表記を手掛かりに用いてきました. しかし,「行く」,「向かう」のように, 異なる単語間の意味が類似しているかの判別は, 単語の表記の情報だけでは, 難しいという問題があります.

そこで, 単語をベクトルにて表現した単語分散表現を用いることを考えます. 画像処理であれば, RGB といった画素情報を用いて, 類似度を計算しているように, ベクトルで表現された単語分散表現を用いて, 単語間の類似度を計算することが可能です.

単語分散表現を獲得するためには, word2vec [10] や GloVe [11] といったツールが広く利用されています. これらのツールの背景には,「単語の意味はその単語が使われた周囲の文脈で決まる」という考え方があり,「類似する文脈に出現する単語は類似する単語分散表現になるように学習する」ことが行わます. これらのツールでは,

仕事 に 行く
仕事 に 向かう

のように, 空白単位で単語に区切られたテキストを入力として与えることで, 指定した次元数の単語分散表現を学習してくれます.

たとえば,「仕事 に 行く」,「仕事 に 向かう」に加えて,「宮崎 に 行く」,「宮崎 に 向かう」と,「行く」,「向かう」が, 類似する文脈に多く出現していれば,「行く」,「向かう」の単語分散表現は類似するものとなっていきます. 一方, 異なる文脈に出現する単語の単語分散表現は類似しないものとなっていきます.

「行く」と「向かう」の 単語分散表現を, それぞれ, $\mathbf{e}_{\text{行く}} \in \mathbb{R}^d$ と $\mathbf{e}_{\text{向かう}} \in \mathbb{R}^d$ としますと,

$$sim(\text{行く，向う}) = \mathbf{e}_{\text{行く}} \cdot \mathbf{e}_{\text{向かう}}$$

のように, 「行く」と「向かう」の類似度 「$sim(\text{行く，向う})$」を単語分散表現を用いて計算可能になります.

単語分散表現は, ラベルなしのテキストから学習することが可能です. 特に, 大規模なラベルなしテキストを利用することで, 多くの単語に対する単語分散表現が獲得でき, 教師データに出現していない単語であっても, 類する単語分散表現を持つ単語が教師データに出現していれば, 同様な抽出が期

待できるようになります．

たとえば，今まで教師データに出現しなかった，「PQW 材料有限会社」という会社名が抽出対象のテキストに出現した場合とします．「PQW 材料有限会社」には「有限会社」と，会社名を示す単語は含まれていますが，教師データには「有限会社」は含まれていないため，学習が難しい状況と言えます．しかし，単語分散表現をテキストから学習した際に，教師データに出現している「ABD 商事株式会社」，「ABD 食品株式会社」，「WYZ 商事株式会社」，「WYZ 飲料株式会社」と「PQW 材料有限会社」が共起していたり，あるいは，類似する文脈に出現していれば，「有限会社」と「株式会社」が類似する単語分散表現となり，結果，正しく抽出されることが期待されます．

単語分散表現の別の獲得方法であるニューラル言語モデルや，word2vec の背景にある対数双線形モデルの詳細につきましては，文献 [9] の 3.3.3 項の説明をご覧ください．

3.7.2 LSTM

ここでは，LSTM の概要を説明します．LSTM の詳細については，文献 [12] に説明されていますので，そちらを御覧ください．

LSTM は，リカレントニューラルネットの一つで，固有表現抽出および関係抽出を含めて，言語処理の分野では広く用いられています．言語処理における LSTM の利用の多くは，単語列中の各単語を単語分散表現に変換した後，各単語分散表現を，一つ前の LSTM のユニットの出力とともに処理していきます．i 番目の LSTM の入力は，長期の情報を保持するセル $\mathbf{c}_{i-1}$，出力層で利用する $\mathbf{h}_{i-1}$，i 番目の単語の単語分散表現になります．i 番目の LSTM の出力は，$\mathbf{c}_i$ と $\mathbf{h}_i$ の二つになります．$\mathbf{E}[i]$ を i 番目の単語 $\mathbf{X}_i$ の単語分散表現としますと，i 番目の単語に関する LSTM の計算は

$$\mathbf{c}_i, \mathbf{h}_i = \mathrm{LSTM}(\mathbf{E}[i], \mathbf{c}_{i-1}, \mathbf{h}_{i-1})$$

という形で計算します．

LSTM の計算の初期値として，$\mathbf{c}_0$ と $\mathbf{h}_0$ は，たとえば，$\mathbf{0}$ ベクトル（すべての値が 0）が使われます．

ここでは，$\mathbf{E}$ を単語列 W に対する単語分散表現を表す行列とします．$\mathbf{E}$[i] が i 番目の単語 $\mathbf{X}_i$ に対応する単語分散表現となります．

$$\mathbf{H} = \mathrm{LSTM}(\mathbf{E})$$

を上記の LSTM の処理を順次適用していき，M 個からなる単語列を処理した $\mathbf{h}_1$, ... $\mathbf{h}_M$ を保持した行列を $\mathbf{H}$ とします．この結果を基に，固有表現抽出，関係抽出を実施します．

たとえば，3 単語から構成される $\mathbf{X}_1$，$\mathbf{X}_2$, $\mathbf{X}_3$ があれば，$\mathbf{E}[1] = \mathbf{e}_{\mathbf{X}_1}$，$\mathbf{E}[2] = \mathbf{e}_{\mathbf{X}_2}$，$\mathbf{E}[3] = \mathbf{e}_{\mathbf{X}_3}$ とすると，

$$\mathbf{E} = [\mathbf{E}[1], \mathbf{E}[2], \mathbf{E}[3]\ ]$$

と変換し，

$$\mathbf{c}_1, \mathbf{h}_1 = \mathrm{LSTM}(\mathbf{E}[1], \mathbf{c}_0, \mathbf{h}_0)$$

$$\mathbf{c}_2, \mathbf{h}_2 = \mathrm{LSTM}(\mathbf{E}[2], \mathbf{c}_1, \mathbf{h}_1)$$

$$\mathbf{c}_3, \mathbf{h}_3 = \mathrm{LSTM}(\mathbf{E}[3], \mathbf{c}_2, \mathbf{h}_2)$$

と計算した結果が，

$$\mathbf{H} = [\mathbf{h}_1,\ \mathbf{h}_2,\ \mathbf{h}_3]$$

となります．

このように単語を単語分散表現に変換し，LSTM で処理して，単語を隠れ状態に符号化することをエンコードと呼びます．

3.7.3 LSTM による固有表現抽出のための入力生成

入力は，各単語を単語分散表現で表現した，単語列となります．3.7.1 項にあるように，単語分散表現は各単語を d 次元のベクトルで表現したものです．すべての単語を想定することが難しいため，この方法では，単語分散表現に変換する際は，学習前に，単語集合を決めておくことが一般的です．単語分散表現は，学習データからだけで学習することも可能ですし，また，word2vec や GloVe を使って，学習データとは別のラベルなしテキストから事前に学習した結果を初期値として利用することも可能です．

ここで問題になるのが，抽出時における未知語の問題です．ここでの未知語とは，学習時に想定していた単語集合に含まれていない単語となります．未知語の扱いについてはいくつか方法があります．たとえば，word2vec や GloVe を使って，事前に学習した単語分散表現を初期値として利用した場合は，固有表現抽出の教師データに出現しているが，事前に学習した単語集合

Algorithm 5 双方向 LSTM による固有表現抽出

X: 入力単語列 ; M : 入力単語列サイズ; **Y**: 正解のラベル列 (学習用)
$s[i]$: i 番目の単語に付与された各固有表現ラベルスコア
reverse(X) : X を逆順にする.
C: ラベルの連接制約 (抽出用)
単語列を単語分散表現列に変換
$\mathbf{E}$ = embeddings($\mathbf{X}$)
$\overrightarrow{\mathbf{H}} = [\overrightarrow{\mathbf{h}}_1, \ldots, \overrightarrow{\mathbf{h}}_M]$ は文頭から文末の方向への LSTM の適用結果.
$\overrightarrow{\mathbf{H}} = \overrightarrow{\mathrm{LSTM}}(\mathbf{E})$ # 文頭から文末方向に LSTM を適用
$\overleftarrow{\mathbf{H}} = [\overleftarrow{\mathbf{h}}_1, \ldots, \overleftarrow{\mathbf{h}}_M]$ は 文末から文頭の方向への LSTM の適用結果.
出力は文頭から文末の順番にするために reverse を適用.
$\overleftarrow{\mathbf{H}}$ = reverse($\overleftarrow{\mathrm{LSTM}}$(reverse($\mathbf{E}$)))
for $i = 1$ **to** M **do**
　$\mathbf{h}_i^* = [\overrightarrow{\mathbf{h}}_i ; \overleftarrow{\mathbf{h}}_i]$ # $\overrightarrow{\mathbf{h}}_i$ と $\overleftarrow{\mathbf{h}}_i$ を結合
　$s[i]$ = Classify($\mathbf{h}_i^*$) # 分類. $s[i]$ は i 番目の単語が各ラベルに分類されるスコア.
end for
if 固有表現抽出時 **then**
　return viterbi($s[0], \ldots, s[M]$, C) # スコアが最大となるラベル列を返す.
else
　# 学習の場合は, $s[0], \ldots, s[M]$ と正解ラベル列情報 **Y** を基にパラメータ更新
　Backward($s[0], \ldots, s[M]$, **Y**)
end if

に含まれていない単語を未知語として扱う方法があります.

また, 教師データ中の低頻度語を, 未知語として扱う方法があります. たとえば, 3 回以下の出現回数の単語は未知語とするというものです. 未知語用の単語分散表現は, 学習を通して決定されます. 抽出時は, 学習時に用いた単語集合に出現しなかった単語を, 未知語として処理します.

3.7.4　LSTM によるエンコード

固有表現抽出で LSTM を使う場合は,「文頭から文末」および「文末から文頭」の二つの方向の LSTM を使う方法が一般的です. この方法は, 特に, bi-directional long short-term memory（双方向 LSTM）と言われております. 図 3.15 に双方向 LSTM による固有表現抽出の概略図, Algorithm 5 に, 双方向 LSTM を用いた固有表現抽出の概要を載せます. 学習の際は, 多くが抽出と同じ動きとなります.

学習時と抽出時との大きな違いは, 出力結果を正解と比較して, ロスを計

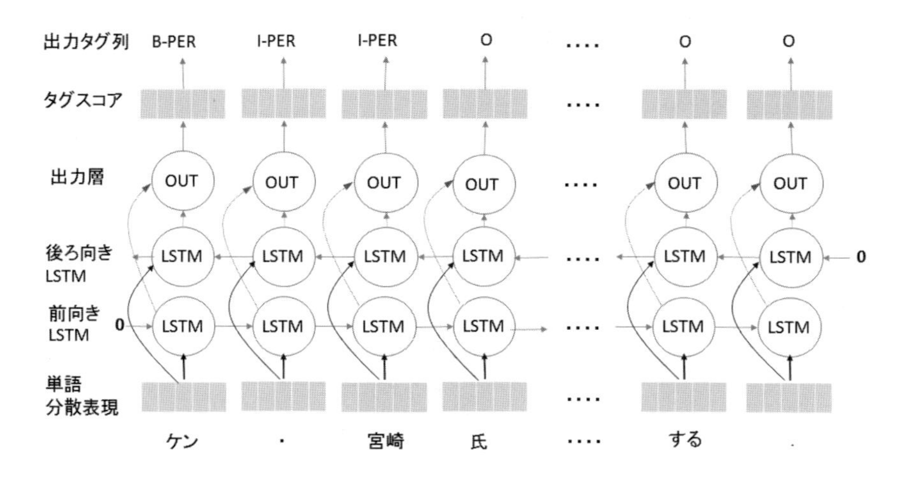

図 3.15 双方向 LSTM による固有表現抽出の概略図

算し，重み更新を行う点にあります．

ここでは，LSTM は文頭から文末の前向き LSTM を $\overrightarrow{\mathrm{LSTM}}$，文末から文頭の後ろ向き LSTM を $\overleftarrow{\mathrm{LSTM}}$，とします．

これらの LSTM は，別々のパラメータを保持します．まず，入力の単語列 W の各単語を単語分散表現に変換して，$\mathbf{E}$ として保持します．その後，以下のように文頭から文末方向に LSTM を適用し，

$$\overrightarrow{\mathbf{H}} = \overrightarrow{\mathrm{LSTM}}(\mathbf{E})$$

を計算します．続いて，文末から文頭方向に LSTM を適用し，

$$\overleftarrow{\mathbf{H}} = \overleftarrow{\mathrm{LSTM}}(reverse(\mathbf{E}))$$

を計算します．$\overrightarrow{\mathbf{H}}$ と $\overleftarrow{\mathbf{H}}$ のうち，i 番目の単語のエンコード結果は，「$\overrightarrow{\mathbf{h}}_i$」と「$\overleftarrow{\mathbf{h}}_i$」とします．

3.7.5 出力層の計算

LSTM でエンコード後は，各単語を順次処理していきます．i 番目の単語のための出力層で利用する情報は，「$\overrightarrow{\mathbf{h}}_i$」と「$\overleftarrow{\mathbf{h}}_i$」となりますので，一つの方法としてこれらを結合したベクトルを用意します．

$$\mathbf{h}_i^* = [\overrightarrow{\mathbf{h}}_i; \overleftarrow{\mathbf{h}}_i]$$

と二つのベクトルを結合して，分類を行います．たとえば，Algorithm 5 の Classify の箇所で，i 番目の単語に対して，softmax 分類器を用いる場合は，j 番目のラベル y_j となる確率は，

$$P(y_j|\mathbf{X}_i) = \frac{\exp(\mathbf{w}^{y_j}\mathbf{h}_i^* + b^{y_j})}{\sum_{y' \in Y} \exp(\mathbf{w}^{y'}\mathbf{h}_i^* + b^{y'})}$$

で計算されます．$\mathbf{w}^y$ がラベル y の重みベクトル，b^y がバイアス項です．$s[i][j]$ には，i 番目の単語に対するラベル y_j が付与される確率が保持されるとし，

$$s[i][j] = P(y_j|\mathbf{X}_{\mathrm{i}})$$

とします．最終的なラベルは，各単語における各ラベルのスコアを計算した後, 3.4.3 項にある Viterbi アルゴリズムにより，最終のラベル列を決定します．

3.7.6 学習

学習にあたっては，抽出と同じく，出力層の計算までは，同じ処理が行われます．出力層に計算後は，Viterbi アルゴリズムは用いずに，各単語に対して正解のタグが付与されるように，目的関数を基にパラメータ更新が行われます．また，学習時は，正解のクラスラベルの情報も与えます．たとえば，θ をすべての学習対象のパラメータとすれば，負の対数尤度関数を用いる場合，ある一つの学習事例に対しては，K 種類のラベルが対象の場合，

$$J(\theta, \mathbf{Y}, \mathrm{W}) = -\sum_{i=1}^{M}\sum_{j=1}^{K}[[\mathbf{Y}_i = y_j]] \log(P(y_j|\mathbf{X}_i)) + \lambda\|\theta\|$$

が目的関数となります．y_j は j 番目のラベルで，$\mathbf{Y}$ は，$\mathbf{X}$ の各単語のラベルの情報を保持しており，$\mathbf{Y}_i$ が i 番目の単語のラベルとなります．

$$[[\mathbf{Y}_i = y_j]]$$

は，$\mathbf{Y}_i$ が y_j が同一のときは 1，それ以外は 0 とします．つまり，学習時は，正解のクラスラベルの sotmax の値を基にパラメータ更新が行われます．

学習時は，各単語の正解ラベルに対する sotmax の値を基にパラメータ更新が行われます．λ は正則化項のパラメータで，$\|\theta\|$ はオーバフィッティング抑制のための正則化項となります．正則化項については，詳しくは，書籍 [13] を参照ください．最後に，目的関数の微分結果を基に，バックプロパゲーションにて，学習対象のパラメータが更新されます．

Algorithm 5 では,

$$\text{Backward}(s[0], ..., s[M], \mathbf{Y})$$

の箇所で，上記の目的関数を計算して，目的関数の微分結果を基にパラメータを更新します.

今回の例で，学習時に更新されるパラメータは，前向き LSTM，後ろ向き LSTM，softmax 分類器のパラメータ，単語分散表現となります．未知語の単語分散表現も，学習時に更新されます.

第4章

関係抽出

本章では，関係抽出について紹介します．関係抽出では，固有表現の間の関係を判別することを目的としており，以下の手法を説明します．

- ルールベースによる関係抽出
- 機械学習を用いた関係抽出

　・機械学習による分類による関係抽出
　・構造学習に基づく関係抽出
　・ニューラルネットワークによる関係抽出

4.1 ルールベースによる関係抽出

本節では，ルールを基に抽出する手法を説明します．まず，関係抽出の前処理として，形態素解析および固有表現抽出を行っているとします．図 4.1 がその一例となります．人手で作成したルールによる関係抽出は，図 4.2 のようなパタンを用いて実現できます．これらの規則は，固有表現および単語の列にマッチするという意味です．まず，

(r1) [ORG] を [LOC] に 設立 → HomeCity([ORG], [LOC])

を例に説明します．ここで HomeCity([ORG], [LOC]) とは ORG の本社所在場所が LOC であるという意味とします．また，[LOC] と [ORG] は固有表現のうち，LOC，ORG にマッチするとします．このパタンを用いると，

... ABD 食品株式会社 $_{\text{[ORG]}}$ を 福岡 $_{\text{[LOC]}}$ に 設立 ...

ケン・宮崎 [PER] 氏 が 社長 を 務める ABD 商事株式会社 [ORG] は，
2017 年 6 月 1 日 [DATE] 付け で， ABD 食品株式会社 [ORG] を 福岡 [LOC] に 設立 する．
ABD 食品株式会社 [ORG] の 社長 に は， 福岡二郎 [PER] 氏 が 就任 する．
宮崎 [LOC] に 本社 を 置く ABD 商事株式会社 [ORG] は 1917 年 [DATE] 創業 で，
10 年 ぶり の 分社 化 と なる．

図 4.1　形態素解析および固有表現抽出結果の例．空白が単語の境界．

(r1) [ORG] を [LOC] に 設立 → HomeCity([ORG], [LOC])
(r2) [LOC] に 本社 を [ORG] → HomeCity([ORG], [LOC])
(r3) [ORG] の 社長 に は， [PER] 氏 が 就任 → President(ORG, PER)
(r4) [ORG_1] は [DATE] 付け で， [ORG_2] を 設立
→ ParentCompany([ORG_1], [ORG_2])
(r5) [DATE] 付け で， [ORG] を 設立
→ FoundingDate([ORG], [DATE])

図 4.2　関係抽出の規則の例．

の箇所に適合し，

HomeCity(ABD 食品株式会社 [ORG], 福岡 [LOC])

という，「ABD 食品株式会社 [ORG]の 本社所在地が 福岡 [LOC] 」という関係が抽出できます．

続いて，

(r2) [LOC] に 本社 を 置く [ORG] → HomeCity([ORG], [LOC])

というパタンを作成すれば，

宮崎 [LOC] に 本社 を 置く ABD 商事株式会社 [ORG]

の箇所に適合し，

HomeCity(ABD 商事株式会社 [ORG], 宮崎 [LOC])

という，「ABD 商事株式会社 [ORG]の 本社所在地が 宮崎 [LOC] 」という関係が抽出できます．

続いて，会社とその社長の関係を判別する President の例を考えます．一

文目を例に，HomeCity のように，単語と固有表現列に対するパタンを考えますと，

(r3) [ORG] の 社長 に は ， [PER] 氏 が 就任
→ President(ORG, PER)

というパタンがあれば，

ABD 食品株式会社 [ORG] の 社長 に は， 福岡二郎 [PER] 氏 が 就任 ...

という箇所に照合し，

President(ABD 食品株式会社 [ORG] , [福岡二郎][PER])

が抽出できます．

また，同じタイプの固有表現間で，関係によって役割が異なる場合は，

(r4) [ORG_1] は [DATE] 付け で ， [ORG_2] を 設立
→ ParentCompany([ORG_1], [ORG_2])

と照合した位置を記憶しておき，関係の判別に用います．ここでは，

ParentCompany([ORG_1], [ORG_2])

は，[ORG_1] が [ORG_2] の親会社という意味です．このパタンを用いれば，

... ABD 商事株式会社 [ORG] は ， 2017 年 6 月 1 日 [DATE] 付け で ，
ABD 食品株式会社 [ORG] を 福岡 [LOC] に 設立 ...

にマッチし，

ParentCompany(ABD 商事株式会社 [ORG], ABD 食品株式会社 [ORG])

が得られます．

また，

(r5) [DATE] 付け で ， [ORG] を 設立
→ FoundingDate([ORG], [DATE])

により

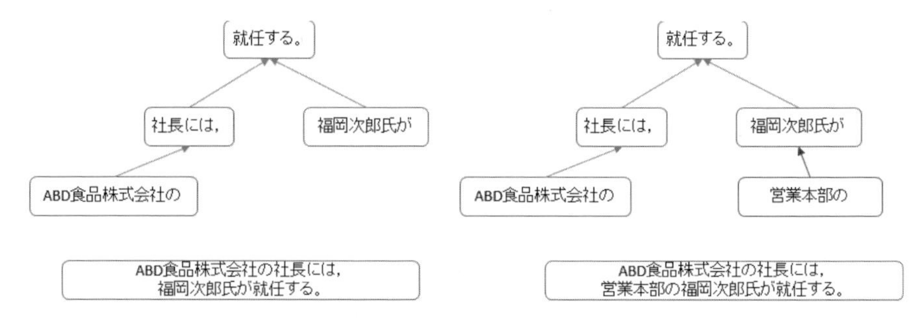

図 **4.3**　係り受け解析の例

> FoundingDate(ABD 食品株式会社 $_{\text{[ORG]}}$, 2017 年 6 月 1 日 $_{\text{[DATE]}}$)

の関係も抽出できます．これらのパタンにより，抽出された結果を組み合わせることで，以下の構造化された結果が得られます．

新規設立会社

会社名	ABD 食品株式会社
親会社	ABD 商事株式会社
社長	福岡二郎
設立日	2017 年 6 月 1 日
所在地	福岡

しかし，(r3) の場合，

> ABD 食品株式会社 $_{\text{[ORG]}}$ の 社長 に は， 営業 本部 の 福岡二郎 $_{\text{[PER]}}$ 氏 が 就任 ...

のように「営業　本部　の」といった単語列が含まれると適用できなくなってしまいます．

そこで，係り受け解析を使って修飾関係を考慮したパタンも利用することも考えられます．図 4.3 は係り受け解析の例となります．こちらは，日本語で多く用いられる文節間の修飾関係を基にした例となり，CaboCha[15] や KNP[16] といったフリーソフトを使うことで得られます．修飾関係を考慮しますと，「営業　本部　の」以外は，共通の修飾関係を保持しているため，共通の修飾関係を考慮したパタンで関係を判別できることがわかります．

係り受け解析結果を考慮したパタンなど，複雑なルールを書けるようにす

[15] https://taku910.github.io/cabocha/

[16] http://nlp.ist.i.kyoto-u.ac.jp/index.php?KNP

るためには，そのためのエンジンの開発も必要となります．また，ルール作成者は，複雑なルールを記載するために，エンジンの仕様を理解する必要があります．固有表現抽出と同様に，ルールベースによる関係抽出は，ルールの追加が容易で，個々の事象に対する詳細な調整が行いやすいという利点があります．しかし，人手によるルール作成のコストや，ルール管理というメンテナンスの問題が残ります．

4.2　機械学習のための関係クラスラベルの定義

本節では，以降の機械学習による関係抽出のためのクラスラベルの定義について説明します．教師あり学習による関係抽出では，二つの固有表現間の関係の種類あるいは，関係なしを判別する問題となります．関係抽出では，関係の向きを考慮する必要がある場合と，そうでない場合があります．今回の例には含まれませんが，家族関係といった関係の向きが必要ない場合には，二つの固有表現間の関係の種類あるいは，関係なしを判別する問題として定義できます．一方，今回の例の「ParentCompany」は向きの考慮が必要となります．「ParentCompany(A, B)」を「A」は「B」の親会社としますと，図1.1 の例では，

ParentCompany(ABD 商事株式会社, ABD 食品株式会社)

は，「ABD 商事株式会社」が「ABD 食品株式会社」の親会社という意味となるため，正しいですが，

ParentCompany(ABD 食品株式会社, ABD 商事株式会社)

は，「ABD 食品株式会社」が「ABD 商事株式会社」の親会社という意味となり，誤りとなります．

このような事例を区別するために，向きによって関係が変わる場合には，「ParentCompany」なら，

- M1-ParentCompany-M2：M1 が M2 の ParentCompany という意味．
- M2-ParentCompany-M1：M2 が M1 の ParentCompany という意味．

FoundingDate なら，

- M1-FoundingDate-M2：M1 が M2 の FoundingDate という意味．

- M2-FoundingDate-M1：M2 が M1 の FoundingDate という意味.

といった形で，2 種類のラベルを定義する方法があります.

関係を判別する二つの固有表現に付与する M1 と M2 については，語順で最初に出てきた固有表現を M1，次に出てきた固有表現を M2 と，出現順に付与する方法があります．たとえば，

> ケン・宮崎 $_{[PER]}$ 氏 が 社長 を 務める M1=ABD 商事株式会社 $_{[ORG]}$ は， 2017 年 6 月 1 日 $_{[DATE]}$ 付け で， M2=ABD 食品株式会社 $_{[ORG]}$ を 福岡 $_{[LOC]}$ に 設立 する .

と, 出現順に「M1=ABD 商事株式会社 $_{[ORG]}$」と「M2=ABD 食品株式会社 $_{[ORG]}$」として,「M1-FoundingDate-M2」,「M2-FoundingDate-M1」, その他の関係あるいは，関係なしの判別を行います.

この表現方法を用いると，今回の例は，次の関係用の 9 種類のラベルへの分類問題として考えられます.

- M1-President-M2, M2-President-M1, M1-HomeCity-M2, M2-HomeCity-M1, M1-FoundingDate-M2, M2-FoundingDate-M1, M1-ParentCompany-M2, M2-ParentCompany-M1, OTHER

ここで, OTHER とは, 関係を保有しない固有表現の間に付与される関係です.

4.3 機械学習を用いた分類による関係抽出

教師あり学習による関係抽出は，クラスラベルの定義，素性ベクトルへの変換，学習，関係抽出となります．本節では，関係抽出を二つの固有表現間の関係を判別する問題として説明します.

図 4.4 が関係抽出の流れとなります．抽出処理の際は，固有表現抽出を実施後に関係抽出を実施します．学習時は，固有表現の情報が含まれていますので，固有表現抽出の実施は必ずしも必要ではありません.

4.3.1 素性ベクトルへの変換

関係抽出の事例は，固有表現のペアに対して定義されます．ですので，入

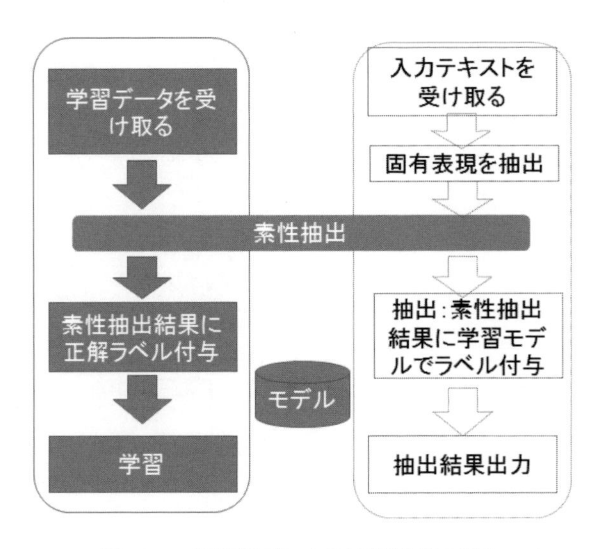

図 4.4 機械学習による関係抽出の流れ

表 4.1 関係抽出の素性の例

- 固有表現から得られる素性
  - ・M1 の固有表現の種類
  - ・M2 の固有表現の種類
- 固有表現間および周辺の単語から得られる素性
  - ・M1 と M2 の間の単語列
  - ・M1 と M2 の間の単語
  - ・M1 の前後の単語
  - ・M2 の前後の単語
- 固有表現間の係り受け関係から得られる素性
  - ・最短依存構造パスの上の単語
  - ・最短依存構造パスの構造

力テキスト中のすべての固有表現のペアに対して，素性ベクトルを生成します．関係抽出のための素性の抽出のためには，形態素解析，固有表現抽出および，係り受け解析の結果などが利用されます．表 4.1 に素性の一例を載せます．実際には以下の素性の組合せも考慮します．素性の組合せとは，「M1 の

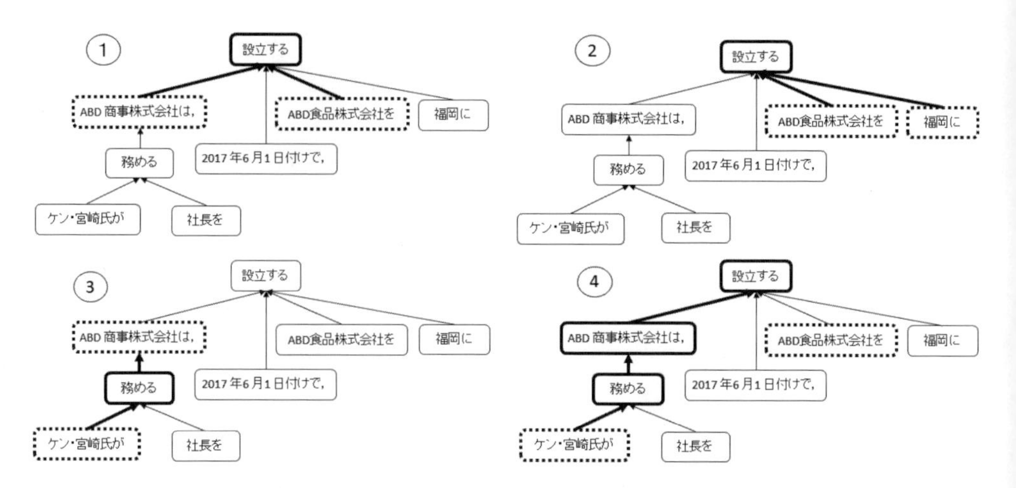

図 4.5　最短依存構造パスの例．点線が関係判別対象の固有表現を含む文節．

固有表現の種類=ORG ∧ M2 の固有表現の種類=PER」といったものです．

ここでの日本語における係り受け解析とは，文節間の係り受け関係を判別することとします．最短依存構造パス (shortest dependency path) とは，係り受け解析結果上であれば，関係判別対象の二つの固有表現の修飾関係をたどって到達する最初の共通の文節を介した部分木構造とします．

図 4.5 は

> ケン・宮崎 [PER] 氏 が 社長 を 務める ABD 商事株式会社 [ORG] は ，
> 2017 年 6 月 1 日 [DATE] 付け で ， ABD 食品株式会社 [ORG] を
> 福岡 [LOC] に 設立 する ．

の最短依存構造パスの例です．同じ，述語を共有する場合は，関係がある場合が多いと考えられます．たとえば，固有表現間に関係がある①から③は，共通の述語を介してつながっておりますが，関係のない，④では，共通の述語で直接つながっておりません．

たとえば，①は，素性として，表 4.2 が抽出され，最短依存構造パスは図 4.6 のⓈ1のような形となります．

仮に，

> ABD 食品株式会社 [ORG] はABD 商事株式会社 [ORG] に設立された．

という文であれば，表 4.3 のようになります．最短依存構造パスの構造は図

表 **4.2** 関係抽出のクラスラベルと素性の例.

M1,M2	ABD 商事株式会社, ABD 食品株式会社
クラスラベル	M1-ParentCompany-M2
M1 の固有表現の種類	ORG
M2 の固有表現の種類	ORG
M1 と M2 の間の単語列	M1-は-, 2017 年 6 月 1 日-付け-で-, M2
M1 と M2 の間の単語	{2017 年 6 月 1 日 付け で , }
M1 の前の単語	務める
M1 の後の単語	は
M2 の前の単語	,
M2 の後の単語	を
最短依存構造パス上の単語	{ は , を 設立 する . }
最短依存構造パスの構造	([設立 する .] ([M1 は ,] [M2 を]))

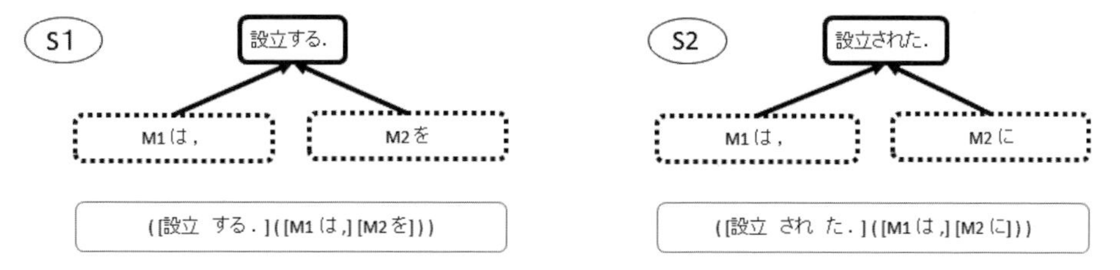

図 **4.6** 最短依存構造パスの構造例

4.6 のⓈ2のような形となります.

これらから, M1 と M2 の違いを区別するためには, 最短依存構造パス上の違いをとらえるために, 素性の組合せを考慮します. たとえば, これら二つの例では,「“M1 の固有表現の種類=ORG” ∧ “M2 の固有表現の種類=ORG”」であり, また,「“M2 の後の単語=を” ∧ M2 の最短依存構造パス上の単語=設立”」であれば,「ParentCompany(M1, M2)」となりますので, これらを素性として定義すれば, Ⓢ1の最短依存構造パスの構造であれば,「ParentCompany(M1, M2)」と判別できます.

単語列の情報を用いるのが有効な例としては, ③のような例があります. 表 4.4 では,「M1-が-社長-を-務める-M2」のように, President の関係を判別できる単語列でパタンに関する素性が得られていることがわかります.

4.3.2 学習

Algorithm 6 に, 分類に基づく関係抽出の学習例を示します. まず, 教師

表 4.3 関係抽出のクラスラベルと素性の例 2.

M1,M2	ABD 食品株式会社, ABD 商事株式会社
クラスラベル	M2-ParentCompany-M1
M1 の固有表現の種類	ORG
M2 の固有表現の種類	ORG
M1 と M2 の間の単語列	M1-は-M2
M1 と M2 の間の単語	{ は }
M1 の前の単語	-
M1 の後の単語	は
M2 の前の単語	は
M2 の後の単語	に
最短依存構造パス上の単語	{ は に 設立 され た }
最短依存構造パスの構造	([設立 され た .] ([M1 は] [M2 に]))

表 4.4 関係抽出の素性の例 3.

M1,M2	ケン・宮崎, ABD 商事株式会社
クラスラベル	M1-President-M2
M1 の固有表現の種類	PER
M2 の固有表現の種類	ORG
M1 と M2 の間の単語列	M1-が-社長-を-務める-M2
M1 と M2 の間の単語	{ が 社長 を 務める }
M1 の前の単語	-
M1 の後の単語	が
M2 の前の単語	務める
M2 の後の単語	は
最短依存構造パス上の単語	{ 務める }
最短依存構造パスの構造	([M2 は,] ([務める] ([M1 が ,])))

データとして，テキストに対し固有表現とそれらの関係が付与されているものを受けとります．こちらを，$\mathbf{X}^{(1)}, ..., \mathbf{X}^{(N)}$ としております．テキストの単位としては，Web ページや新聞であれば記事単位あるいは，文単位などが考えられます．それぞれの教師データ中の固有表現のペアである $NE[j]$ と $NE[k]$ に対し，素性を抽出します．素性としては，4.3.1 項にあった，関係を判別したい二つの固有表現間で定義されるような素性を用いることになります．

素性抽出後は，対象の固有表現ペア $NE[j]$ と $NE[k]$ に対するラベルを抽出します．$r(NE[j], NE[k], \mathbf{X}^{(i)})$ となり，関係があればそちらに対応するラ

Algorithm 6 関係抽出の学習例

$\mathbf{X}^{(1)}, ..., \mathbf{X}^{(N)}$：教師データ（テキストに対し固有表現とそれらの関係が付与されている）
TD：生成された学習データ．初期値は空．
for $i = 1$ **to** N **do**
　$NE \leftarrow \mathbf{X}^{(i)}$ # $\mathbf{X}^{(i)}$ 中の固有表現の一覧を NE として取り出す．
　$t \leftarrow \mathbf{X}^{(i)}$ # $\mathbf{X}^{(i)}$ 中のテキスト情報を t として取り出す．
　for $j = 1$ **to** $|NE|$ **do**
　　for $k = j + 1$ **to** $|NE|$ **do**
　　　# j 番目と k 番目の固有表現ペア $NE[j]$ と $NE[k]$ に対する素性抽出
　　　$\mathbf{x} = \mathrm{FeatureExtraction}(NE[j], NE[k], t)$
　　　# $r(NE[j], NE[k], \mathbf{X}^{(i)})$ は $\mathbf{X}^{(i)}$ 中の $NE[j]$ と $NE[k]$ 間の関係ラベル．
　　　$l = r(NE[j], NE[k], \mathbf{X}^{(i)})$
　　　#学習データとして追加
　　　$TD \leftarrow (l, \mathbf{x})$
　　end for
　end for
end for
#学習を実施し，各関係ラベル $l_1, ..., l_L$ を予測するモデル $f_{l_1}, ..., f_{l_L}$ を学習
$f_{l_1}, ..., f_{l_L} = \mathrm{Train}(TD)$
return $f_{l_1}, ..., f_{l_L}$

ベルを，関係がない場合は，「OTHER」とします．その結果を TD に追加しております．

最後に，Train(TD) の箇所で，学習を実行します．素性ベクトルの変換方法の一つとしては，固有表現抽出と同様に，素性を各対応する次元にマッピングして，対応している次元については値を 1 とし，one-versus-rest 法を用いて，ラベルを変換し，それぞれのラベルを予測するモデルを学習します．モデルは，各ラベル用に作成します．

4.3.3　抽出

抽出においては，学習と同様に，入力中のすべての固有表現のペアに対して処理を行います．Algorithm 7 が関係抽出の疑似アルゴリズム例です．まず，t が入力テキストとした場合，「NERecognition」にて，固有表現を抽出します．その結果を，NER としますと，その後，各固有表現ペアの素性ベクトルに，モデルを適用していき，「OTHER」以外の関係が付与された場合は，その固有表現ペアの関係として抽出します．

Algorithm 7 関係抽出の例

t：入力テキスト
RER：関係抽出結果．固有表現ペアと関係ラベル
L_{ALL} ：すべての関係ラベル
\# NE: t からの固有表現抽出結果
NE = NERecognition(t)
\#$|NE|$ 種類の固有表現抽出結果を処理
for $i = 1$ **to** $|NE|$ **do**
　for $j = i + 1$ **to** $|NE|$ **do**
　　\# t 中の i 番目と j 番目の固有表現ペア $NE[i]$ と $NE[j]$ に対する素性を抽出
　　$\mathbf{x}$ = FeatureExtraction($NE[i]$, $NE[j]$, t)
　　\# $f_{l'}(\mathbf{x})$：$\mathbf{x}$ が l' になるスコア
　　$l = \operatorname{argmax}_{l' \in L_{ALL}} f_{l'}(\mathbf{x})$
　　if $l \neq$ OTHER **then**
　　　$RER \leftarrow (l, NE[i], NE[j])$
　　end if
　end for
end for
return RER

4.3.4 機械学習による関係抽出の利点・欠点

教師あり学習手法では，大規模な教師データを準備することで，高い精度が得られるようになると期待されます．特に，教師データと適用先のデータが類似しているようでしたら，高い精度が得られる期待が大きくなります．その一方，異なる領域では，異なる文体となり，精度が大幅に低下する可能性も考えられます．そのため，新規分野へ適用のための教師データを作成するコストの問題が残ります．また，機械学習に限りませんが，日本語では，同一の述語を修飾する文節間の出現順の制約が比較的緩いため，語順が異なるパタンに対応する必要性も出てきます

4.4 構造学習による関係抽出

ここでは，構造学習による関係抽出の一例を説明します．この方法では，与えられた固有表現抽出済みの単語列に対し，関係構造を付与する手法を紹介します．

4.4.1 学習事例の定義

4.3 節で紹介した分類による関係抽出では，固有表現のペアとそれらの間の関係でしたが，構造学習を用いる場合の学習事例は，固有表現抽出済みのチャンク列に対して付与される固有表現間の関係集合から生成される素性ベクトルとなります．

[ケン ・ 宮崎]$^{1}_{\mathrm{PER}}$ [氏] [が] [社長] [を] [務める] [ABD 商事 株式会社]$^{2}_{\mathrm{ORG}}$ [は] [，] [2017 年 6 月 1 日]$^{3}_{\mathrm{DATE}}$ [付け] [で] [，] [ABD 食品株式会社]$^{4}_{\mathrm{ORG}}$ [を] [福岡]$^{5}_{\mathrm{LOC}}$ [に] [設立] [する] [．]

が固有表現抽出済みのチャンク列 $\mathbf{C}$ とします．下付き文字が固有表現の種類で，上付きの数字が，現在の入力中での固有表現の id とします．ここでは，固有表現だけが関係の判別対象としますので，固有表現以外であるラベルの「O」と，id を省略します．また，$\mathbf{Y}^{RE}$ という関係ラベルに関する情報も与えられます．

$$\mathbf{Y}^{RE} = \langle\ \text{[1, 2, M1-President-M2], [2, 4, M1-ParentCompany-M2], [3, 4, M2-FoundingDate-M1], } \ldots\ \rangle$$

$\mathbf{Y}^{RE}$ にの i 番目については，

$$\mathbf{Y}_i^{RE} = [M1_i,\ M2_i,\ \text{関係ラベル}_{\ i}]$$

となっており，$M1_i$ は M1 となる固有表現の id, $M2_i$ は M2 となる固有表現の id となります．関係ラベルは M1 と M2 の関係ラベルです．スペースの関係上，OTHER の関係は省略しています．たとえば，

[2, 4, M1-ParentCompany-M2]

は，2 番目の固有表現である [ABD 商事 株式会社] が M1 で 4 番目の固有表現である [ABD 食品株式 会社] が M2 で M1 と M2 の関係が，「M1-ParentCompany-M2」となり，[ABD 商事 株式会社] が [ABD 食品株式 会社] の ParentCompany（親会社）という意味になります．

関係抽出の構造学習では，入力として固有表現抽出済みの単語列を与え，$\mathbf{Y}^{RE}$ を付与できるようにモデルを学習します．

4.4.2 素性ベクトルへの変換

$$\Phi(\mathbf{C}, \mathbf{Y}^{RE}) = \sum_{i=1}^{|\mathbf{Y}^{RE}|} \phi(\mathbf{C}, \mathbf{Y}_i^{RE})$$

が，チャンク列 $\mathbf{C}$ が $\mathbf{Y}^{RE}$ と関係付けられた場合の素性ベクトルとなります．

$$\phi(\mathbf{C}, \mathbf{Y}_i^{RE}) = \textstyle\sum_{j=1}^{R^e} \phi_j(\mathbf{C}, \mathbf{Y}_i^{RE})$$

が，関係抽出用の素性関数で，R^e 種類あるとします．たとえば，

$$\phi_{700}(\mathbf{C}, \mathbf{Y}_i^{RE})$$

が，700 番目の素性関数で，

$$\begin{cases} 700\text{ 次元目が }1 & M1\text{ の }NE\text{ ラベル} = \mathrm{ORG} \wedge \\ & M2\text{ の }NE\text{ ラベル} = \mathrm{ORG} \wedge \\ & \mathbf{Y}_i^{RE}\text{の関係ラベル} = \text{M1-ParentCompany-M2} \\ \mathbf{0}\text{ ベクトル} & \mathit{Otherwise} \end{cases}$$

のように，関係と固有表現ラベルに関する素性を定義したり，

$$\phi_{800}(\mathbf{C}, \mathbf{Y}^{NE}, \mathbf{Y}_i^{RE})$$

が，800 番目の素性関数で，

$$\begin{cases} 800\text{ 次元目が }1 & \text{最短依存構造パス} = ([\text{設立する．}]([M1\text{ は，}][M2\text{ を}])) \wedge \\ & \mathbf{Y}_i^{RE}\text{の関係ラベル} = \text{M1-ParentCompany-M2} \\ \mathbf{0}\text{ ベクトル} & \mathit{Otherwise} \end{cases}$$

のように，関係と最短依存構造パスに関する素性を定義したりします．このように与えられられたチャンク列，固有表現ラベル列，関係情報を一つの入力として，ベクトル化します．期待される効果としては，関係間の制約を素性として用いることが考えられます．たとえば，ParentCompany においては，子会社からは一つの親会社しかありませんので，既に親会社との「ParentCompany」の関係が判別されていれば，その情報を素性として用いるといったことも考えられます．

4.4.3 抽出・学習

学習では，入力に対して関係抽出を行った結果を用いて，モデルの更新を行います．ただし，関係抽出で，すべての候補を考慮するのは現実的でないため，上位 k の候補を対象に計算するビームサーチという方法を用いて実施します．ビーム幅の k は，ハイパーパラメータとなり，抽出・学習時に指定さ

```
Algorithm 8 パーセプトロンによる関係抽出構造学習
  入力の固有表現抽出済み単語列： C
  w：重みベクトル
  L^{RE} すべての関係ラベル,
  B： 上位 k の関係候補. 初期値 B ← ⟨⟩
  for all  i = 2 to |C| do
    if C[i] is not 固有表現 then continue #固有表現以外は関係判別対象外
    #関係ラベル付きチャンクの生成
    for all  j = i -1 to 1  do
      if C[j] is not 固有表現 then continue #固有表現以外は関係判別対象外
      buf ← ∅
      for all  y' ∈ B do
        for all  r ∈ L^{RE} do
          #j 番目と i 番目の固有表現の関係 r を追加
          buf ← y' ∪ [j, i, r]
        end for
      end for
      #i 番目までのチャンク対する各関係構造のスコア計算し，上位 k を選択.
      B ← k-BEST(buf, C, w)
      #学習時は，正解部分構造 Y^{RE}_{j:i} が候補 B に含まれない場合は更新.
      if Y^{RE}_{j:i} ∉ B then
        w = w + Φ(C, Y^{RE}_{j:i}) - Φ(C, B[0])
        return
      end if
    end for
  end for
  return  B[0] #抽出時は，最大スコアとなる関係構造を返す
```

れる値です．学習時には，教師データの固有表現抽出結果を与えますが，関係抽出時には，入力単語列に対し，固有表現抽出を実施後に，関係判別を行います．

Algorithm 8 が擬似アルゴリズムとなります．まず，入力の **C** について，先頭から順に固有表現ラベル付きのチャンクを取り出し，それまでに出現した固有表現間との関係を生成していきます．

最初は，B の候補に対して，i 番目の固有表現と，文頭側で一番近い，固有表現に対し，各関係を持つ構造候補を追加し，buf に追加します．その後，buf から，

$$k\text{-}BEST(buf, \mathbf{C}, \mathbf{w})$$

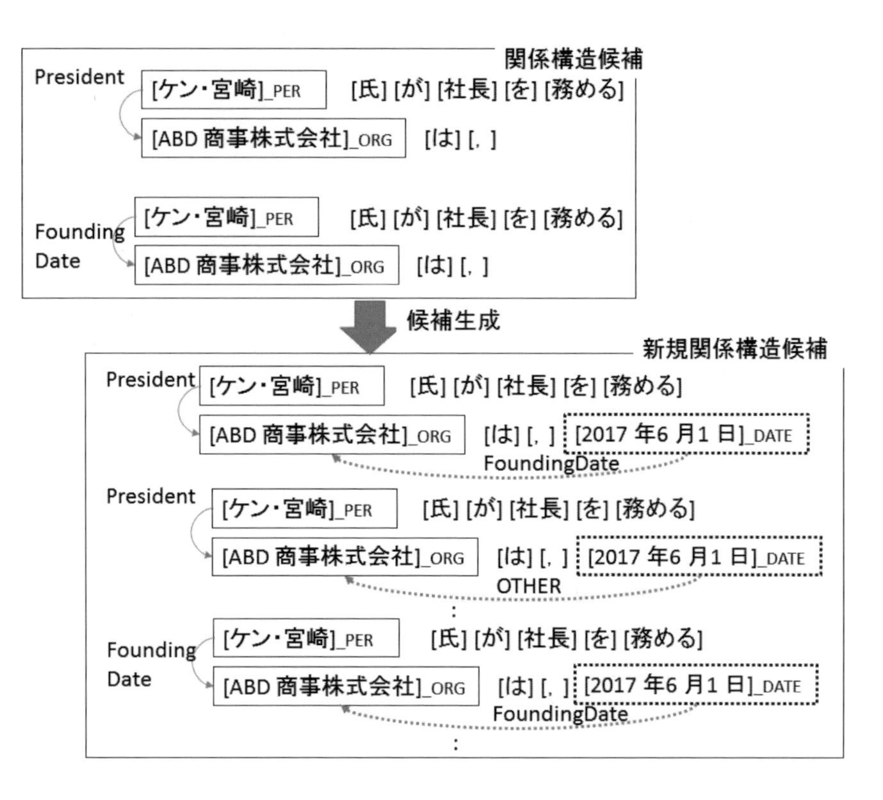

図 **4.7**　関係構造候補の生成例.

にて，$\mathbf{w}$ を基にスコアを計算し，上位 k を選択し，B に格納します．続いて，選択された上位 k の B の各候補に，i 番目の固有表現と，文頭側で 2 番目に近い固有表現に対し，各関係を持つ構造候補を追加して，その後，$k-Best$ を選択します．このように，関係構造の生成と候補の絞り込みを繰り返すことで，関係構造を生成していきます．

$$buf \leftarrow y' \cup [j, i, r]$$

が j 番目と i 番目の固有表現の関係として r を候補として追加する箇所となります．

図 4.7 が $k=2$ での候補生成の例です．こちらでは，関係構造候補が B に相当し，新規関係構造候補が buf に相当します．B 中にある関係の構造として

$$y' = \langle\ [1,\ 2,\ \text{M1-President-M2}]\ \rangle$$

および

$$\langle \text{ [1, 2, M1-FoundingDate-M2] } \rangle$$

とある場合，まず，1 番目の候補に対し，2 番目の固有表現である「ABD 商事株式会社」が，3 番目の固有表現である「2017 年 6 月 1 日」の関係として，「M2-FoundingDate-M1」を追加する場合は，

$$buf \leftarrow y^{'} \cup \text{ [2, 3, M2-FoundingDate-M1]}$$

となり，こちらは，新規関係構造候補の最初の例のように，

$$\langle \text{ [1, 2, M1-President-M2], [2, 3, M2-FoundingDate-M1] } \rangle$$

を持つ候補として生成され，buf に追加されます．

続いて，2 番目，3 番目の固有表現との関係として「OTHER」を追加する場合は，

$$\langle \text{ [1, 2, M1-President-M2], [2, 3, OTHER] } \rangle$$

を候補として buf に追加します．

2 番目の候補についても同様に，

$$\langle \text{ [1, 2, M1-FoundingDate-M2], [2, 3, M2-FoundingDate-M1] } \rangle$$

や

$$\langle \text{ [1, 2, M1-FoundingDate-M2], [3, 4, OTHER] } \rangle$$

なども候補生成されます．

このように，現状の，B に対して，各関係ラベルに関する構造を追加した事例を buf に格納していきます．続いて，

$$B \leftarrow k\text{-}Best(buf, \mathbf{C}, \mathbf{w})$$

にて，buf の中の構造のうち，上位 $k = 2$ を選択します．その後，文頭側で次に近い未処理の固有表現に対して，関係構造を生成していきます．

4.4.3.1 重みベクトルの更新

こちらの学習では，早期更新 (early update) という方法を用います．その際，生成された新規候補から正しい関係構造を残すように更新を行います．今までとの違いは，ビームサーチで生成される k 候補の中に，正解の構造に到達できない構造だけが残った場合に，重みベクトルの更新がされるという

点にあります．その際に，k 候補のうち，最もスコアが高いものを負例，正例は，正解の構造のうち，正解として残すべき部分構造となります．正解の部分構造は，事例の全体構造から求めます．$\mathbf{Y}_{j:i}^{RE}$ を，$i-1$ 番目から最初の固有表現間の正しい関係構造および，i 番目の固有表現に対し，j 番目の固有表現までの間の正しい関係構造とします．$j<i$ です．たとえば，$i=3, j=2$ の時点で，正解の部分構造として，

$$\mathbf{Y}_{2:3}^{RE}=\langle\ [1,\ 2,\ \text{M1-President-M2}],\ [2,\ 3,\ \text{M2-FoundingDate-M1}]\ \rangle$$

が正解の関係ラベルに関する構造とします．

k 候補の中に正解が残らなかった場合，最も高いスコアの構造の $B[0]$ を用いてモデルの更新を行います．ここでは，以下のように，関係構造が最大のスコアであったとします．

$$B[0]=\langle\ [1,\ 2,\ \text{M1-President-M2}],\ [2,\ 3,\ \text{OTHER}]\ \rangle$$

この場合は，以下のように更新が行われます．

$$\mathbf{w}=\mathbf{w}+\Phi(\mathbf{C},\mathbf{Y}_{2:3}^{RE})-\Phi(\mathbf{C},B[0])$$

4.5　リカレントニューラルネットワークによる単語列を用いた関係抽出

本節では，リカレントニューラルネットワークの一つである LSTM による単語列を用いた関係抽出の一例として，文献 [14] を紹介します．この抽出方法では，関係を判別したい単語列の固有表現の箇所にタグを埋め込んだ系列を入力として，LSTM と注意機構 (attention mechanism) を用います．図 4.8 に概略図を載せます．注意機構は，対象テキスト内の関係判別に重要な情報を判別して利用するために用いられます．

Algorithm 9 が擬似アルゴリズムとなります．単語分散表現および LSTM は，3.7.1 項，3.7.2 項を参照ください．

4.5.1　入力の生成

まず，入力としては，関係を判別したい二つの固有表現の前後にタグを挿入した単語+タグ系列を生成します．入力ですが，4.3 節の方法と同じく，関

Algorithm 9 注意機構付き双方向 LSTM による関係抽出

$\mathbf{X}^*$: 関係を判別したい固有表現の箇所にタグが付与された入力単語列
y : 正解ラベル（学習時）
reverse(X) : X を逆順にする.
\# $\mathbf{X}^*$ を 単語分散表現に変換する.
$\mathbf{E}$ = embeddings($\mathbf{X}^*$)
\# $\overrightarrow{\mathbf{H}} = [\overrightarrow{\mathbf{h}}_1, \ldots, \overrightarrow{\mathbf{h}}_{|\mathbf{X}^*|}]$ 文頭から文末の方向への LSTM の適用結果.
$\overrightarrow{\mathbf{H}} = \overrightarrow{\mathrm{LSTM}}(\mathbf{E})$ # 文頭から文末方向に LSTM を適用
\# $\overleftarrow{\mathbf{H}} = [\overleftarrow{\mathbf{h}}_1, \ldots, \overleftarrow{\mathbf{h}}_{|\mathbf{X}^*|}]$ は 文末から文頭の方向への LSTM の適用結果.
\# 出力は文頭から文末の順番にするために reverse を適用.
$\overleftarrow{\mathbf{H}} = \mathrm{reverse}\ (\ \overleftarrow{\mathrm{LSTM}}(\ \mathrm{reverse}(\mathbf{E})\ )\ )$
\# $\overrightarrow{\mathbf{H}}$ と $\overleftarrow{\mathbf{H}}$ を加算
$\mathbf{H} = \overrightarrow{\mathbf{H}} + \overleftarrow{\mathbf{H}}$
\# 注意機構を計算
$\mathbf{h}^* = \mathrm{attention}\ (\mathbf{H})$
if 関係抽出時 **then**
  return $\underset{y' \in Y}{\mathrm{argmax}}\, P(y'|\mathbf{X}^*)$
else
  \# 学習の場合は，と正解ラベル y を基にパラメータ更新
  Backward($P(y|\mathbf{X}^*)$) ;
end if

係の判別対象を出現順に M1，M2 と決めて，単語+タグ系列を生成します．たとえば，

ケン・宮崎 [ORG] が 社長 を 務めるABD 商事株式会社 [PER] は，
2017 年 6 月 1 日 [DATE] 付け で， ...

のうち，「ケン・宮崎 [ORG]」と「ABD 商事株式会社 [PER]」の二つの固有表現の関係を判別する場合は，

⟨M1⟩ ケン ・ 宮崎 ⟨/M1⟩ が 社長 を 務める
⟨M2⟩ ABD 商事 株式会社 ⟨/M2⟩ は， 2017 年 6 月 1 日 付け で， ...

とタグを挿入します．「ABD 商事株式会社 [PER]」と「2017 年 6 月 1 日 [DATE]」の二つの固有表現の関係を判別する場合は，

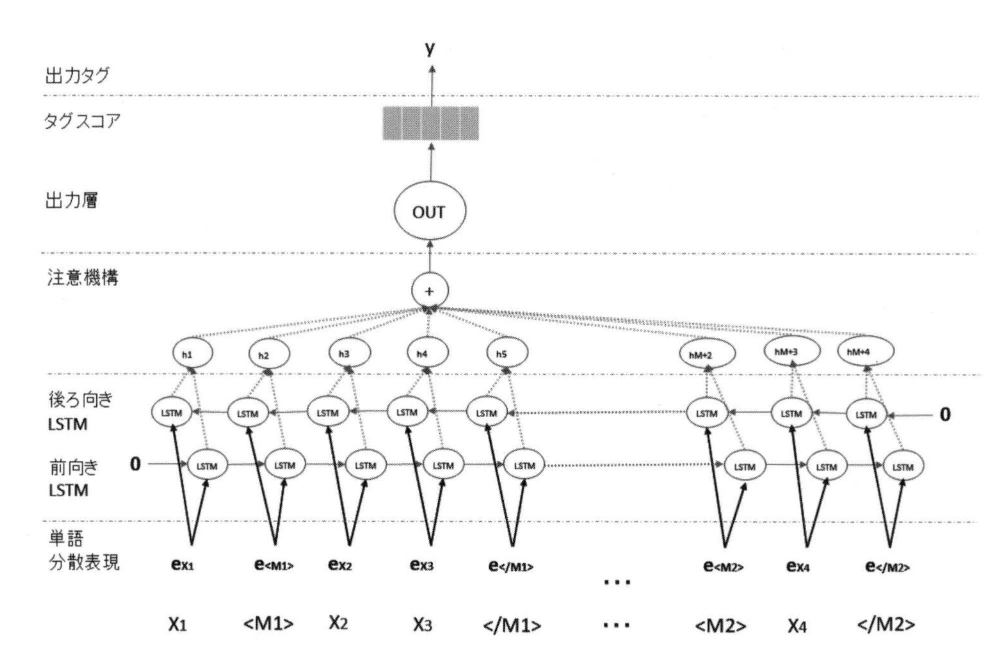

図 4.8 注意機構付き双方向 LSTM による関係抽出の概略図

> ケン ・ 宮崎 が 社長 を 務める ⟨M1⟩ ABD 商事 株式会社 ⟨/M1⟩ は，
> ⟨M2⟩ 2017 年 6 月 1 日 ⟨/M2⟩ 付け で， ...

とタグを挿入します．LSTM に入力する際は，単語，⟨M1⟩，⟨/M1⟩，⟨M2⟩ および ⟨/M2⟩ タグは，単語分散表現に変換され，タグの挿入位置によって，LSTM により異なるエンコード結果を得られます．ですので，同じテキスト内の異なる二つの固有表現の関係を判別できるようになると期待されます．以降，単語列 W に対して，上記のように，関係を判別したい固有表現の箇所にタグが挿入された単語列を $\mathbf{X}^*$ とします．

図 4.8 では，M 単語の単語列において，$\mathbf{X}_2$ と $\mathbf{X}_3$ が M1，$\mathbf{X}_M$ が M2 となっている例となります[17]．

17) なお，その他の入力の表現方法としては，タグを埋め込む変わりに，対象の固有表現の箇所をクラス名に置き換えて表現する方法もあります．上記の例だと，

PERSON が 社長 を 務める ORGANIZATION は，2017 年 6 月 1 日付け で， ...

のような形で表現できます．

4.5.2 LSTM によるエンコード

LSTM により入力をエンコードします．そのために，まず，各単語および M1 と M2 タグを単語分散表現に変換します．図 4.8 の単語分散表現に相当する箇所で，

$$\mathbf{e}_{\mathbf{X}_1},\ \mathbf{e}_{\langle \mathrm{M1} \rangle},\ \mathbf{e}_{\mathbf{X}_2},\ \mathbf{e}_{\langle / \mathrm{M1} \rangle} \cdots \mathbf{e}_{\langle \mathrm{M2} \rangle},\ \mathbf{e}_{\mathbf{X}_\mathrm{M}},\ \mathbf{e}_{\langle / \mathrm{M2} \rangle}$$

が各語およびタグに対する単語分散表現となります．続いて，各単語分散表現をLSTMへ与え，前向きおよび後ろ向きの各状態の隠れ状態を保持しておきます．$\mathbf{h}_1 \ldots \mathbf{h}_{M+4}$ までが各状態のおける隠れ状態を結合したものです．M単語列ですと，4つのタグ，⟨M1⟩，⟨/M1⟩，⟨M2⟩，⟨/M2⟩ が挿入されますので，M+4の結合された隠れ状態が出力されます．

ここでの結合方法は二つのベクトルの和を用いることにします．たとえば，i番目の前向きの出力が $\overrightarrow{\mathbf{h}}_i$，後ろ向きの出力が $\overleftarrow{\mathbf{h}}_i$ であった場合に，

$$\mathbf{h}_i = \overrightarrow{\mathbf{h}}_i + \overleftarrow{\mathbf{h}}_i$$

とします．

4.5.3 注意機構の計算

続いて，注意機構の計算です．Algorithm 9の「attention」の箇所になります．この方法は，注意機構のうち，複数のベクトルの重み付き平均を使うソフト注意機構を用います．注意機構については，詳しくは書籍[9]をご覧ください．入力がM単語であれば，4種類のタグ，⟨M1⟩，⟨/M1⟩，⟨M2⟩，⟨/M2⟩ の分を合せて，

$$\mathbf{H} = [\mathbf{h}_1, \ldots, \mathbf{h}_{M+4}]$$

のM+4種類のベクトルを計算に用います．

M + 4のベクトルを示す行列 $\mathbf{H}$ に対して，注意機構の計算の一つとして，次のように重み付き平均を用います．

$$\mathbf{M} = \mathbf{tanh}(\mathbf{H})$$
$$\mathbf{a} = \mathbf{softmax}(\mathbf{w}^T \mathbf{M})$$
$$\mathbf{h}^* = \mathbf{tanh}(\mathbf{H}\mathbf{a}^T)$$

ここでの「**tanh**」は，行列，ベクトルの各次元の値 x に対し，

$$tanh(x) = \frac{\exp(x) - \exp(-x)}{\exp(x) + exp(-x)}$$

の計算を行って値を変換する処理にあたります．ベクトル(1,2)であれば，

$$\mathbf{tanh}((1,2)) = (tanh(1), tanh(2)) = (\frac{\exp(1) - \exp(-1)}{\exp(1) + exp(-1)}, \frac{\exp(2) - \exp(-2)}{\exp(2) + exp(-2)})$$

となります．ここでの，「**softmax**」は，$|\mathbf{x}|$ 次元のベクトル $\mathbf{x}$ の各次元の値に対し，i 次元目の $\mathbf{x}_i$ であれば

$$softmax(\mathbf{x}, \mathrm{i}) = \frac{\exp(\mathbf{x}_i)}{\sum_{j=1}^{|\mathbf{x}|} \exp(\mathbf{x}_j)}$$

の計算を行って値を変換する処理にあたります．ベクトル (1,2) であれば，

$$\begin{aligned}\mathbf{softmax}((1,2)) &= (softmax(1), softmax(2)) \\ &= (\frac{\exp(1)}{\exp(1) + exp(2)}, \frac{\exp(2)}{\exp(1) + exp(2)})\end{aligned}$$

と変換します．

d 次元の単語分散表現を用いる場合，入力が M 単語であると

$$\begin{aligned}&\mathbf{M}, \mathbf{H} \in \mathbb{R}^{d \times M+4} \\ &\mathbf{w} \in \mathbb{R}^{d} \\ &\mathbf{a} \in \mathbb{R}^{M+4} \\ &\mathbf{h}^{*} \in \mathbb{R}^{d}\end{aligned}$$

となります．$\mathbf{w}$ と $\mathbf{a}$ がソフト注意機構の計算のために学習される重みベクトルとなります．「$\mathbf{h}^*$」が出力層への入力となります．まず，$\mathbf{H}$ を $tanh$ で変換した $\mathbf{M}$ を，$\mathbf{w}$ によって，$M+4$ 次元のベクトル $\mathbf{a}$ に変換します．その後，$\mathbf{H}$ に $\mathbf{a}$ を掛け合わせることで，d 次元の $\mathbf{h}^*$ に変換され，重み付きの平均の形となります．

4.5.4　出力層の計算

ソフト注意機構の計算結果 $\mathbf{h}^*$ を基に関係ラベルを判別します．関係を判別したい固有表現の箇所にタグが挿入された $\mathbf{X}^*$ のラベル y のスコアを $P(y|\mathbf{X}^*)$ とすると，

$$P(y|\mathbf{X}^*) = \frac{\exp(\mathbf{w}^y \mathbf{h}^* + b^y)}{\sum_{y' \in Y} \exp(\mathbf{w}^{y'} \mathbf{h}^* + b^{y'})}$$

といった softmax 分類器を用います．$\mathbf{w}^y$ がラベル y の重みベクトル，b^y がバイアス項です．最終的なラベルは，

$$\hat{y} = \underset{y' \in Y}{\mathrm{argmax}}\, P(y'|\mathbf{X}^*)$$

で計算します．

4.5.5 学習

学習にあたっては，抽出と同じく，出力層の計算までは，同じ処理が行われます．出力層の計算後は，そちらの結果を基に，目的関数を基にパラメータ更新が行われます．また，学習時は，正解のクラスラベルの情報も与えます．たとえば，θ をすべての学習対象のパラメータとすれば，負の対数尤度関数を用いる場合，ある一つの学習事例に対しては，

$$J(\theta, y, \mathbf{X}^*) = -\sum_{i=1}^{K}[[y_i = y]]\log(P(y_i|\mathbf{X}^*)) + \lambda\|\theta\|^2$$

が目的関数となります．y_i は i 番目のクラスラベルで，

$$[[y_i = y]]$$

は，y_i が y と同一のときは 1，それ以外は 0 とします．つまり，学習時は，正解のクラスラベルの sotmax の値を基にパラメータ更新が行われます．λ は正則化項のパラメータで，$\|\theta\|^2$ はオーバフィッティング 抑制のための正則化項となります．最後に，目的関数の微分結果を基に，バックプロパゲーションにて，学習対象のパラメータが更新されます．

Algorithm 9 では，

$$\text{Backward}(P(y|\mathbf{X}^*))\ ;$$

の箇所で，上記の目的関数を計算して，目的関数の微分結果を基にパラメータを更新します．

4.6 リカレントニューラルネットワークによる最短依存構造パスを用いた関係抽出

本節では，リカレントニューラルネットワークの一つである LSTM による最短依存構造パスを用いた関係抽出の一例として，文献[15] の手法を紹介します．ここでは簡略化のため，最短依存構造パス上の単語列を用いる例に絞って説明します．実際には，最短依存構造パス上の単語の品詞や，構文解析結果から得られる文法関係を LSTM でエンコードした結果を用いています．単

Algorithm 10 最短依存構造パス上での LSTM による関係抽出

SDP^{M1}, SDP^{M2} : 入力の M1, M2 に関する最短依存構造パス
y : 正解関係ラベル (学習時)
M1, M2 上のパスの単語列を単語分散表現に変換
$\mathbf{E}^{M1} = \mathrm{embeddings}(\mathrm{SDP}^{M1})$
$\mathbf{E}^{M2} = \mathrm{embeddings}(\mathrm{SDP}^{M2})$
$\mathbf{H}^{M1} = [\mathbf{h}_1^{M1}, ..., \mathbf{h}_{|\mathrm{SDP}^{M1}|}^{M1}]$ は M1 上の単語列に LSTM を適用した結果
$\mathbf{H}^{M1} = \mathrm{LSTM}^{M1}(\ \mathbf{E}^{M1}\ )$ # M1 上の単語列に LSTM を適用
$\mathbf{H}^{M2} = [\mathbf{h}_1^{M2}, ..., \mathbf{h}_{|\mathrm{SDP}^{M2}|}^{M2}]$ は M2 上の単語列に LSTM を適用した結果
$\mathbf{H}^{M2} = \mathrm{LSTM}^{M2}(\ \mathbf{E}^{M2}\ )$ # M2 上の単語列に LSTM を適用
$\mathbf{h}^{*M1} = \mathrm{maxpool}(\mathbf{H}^{M1})$
$\mathbf{h}^{*M2} = \mathrm{maxpool}(\mathbf{H}^{M2})$
$\mathbf{h}^{*} = [\mathbf{h}^{*M1}; \mathbf{h}^{*M2}]$;
if 関係抽出時 **then**
　return $\underset{y' \in Y}{\mathrm{argmax}}\, P(y'|\mathrm{M1}, \mathrm{M2})$
else
　# 学習の場合は正解タグ y を基にパラメータ更新
　$\mathrm{Backward}(P(y|\mathrm{M1}, \mathrm{M2}))$
end if

語分散表現および LSTM は，3.7.1 項，3.7.2 項をご参照ください．

4.6.1　LSTM による関係抽出の入力の生成

入力は，関係を判別したい二つの固有表現の最短依存構造パスとなります．そのため，4.3 節にあるように，日本語であれば，係り受け解析を行って，木構造に変換します．

図 4.9 が変換例となります．4.3 節との違いとしては，日本語の係り受け解析の多くは，文節単位となりますが，LSTM を使うために，係り元の文節の最後の単語が，係り先の文節の最初の単語を修飾するという形で，単語単位の木構造に変換しています．また，今までと同様に，関係を判別する固有表現のうち，文頭側に出現する固有表現を M1，後に出現する固有表現を M2 としています．

4.6.2　LSTM によるエンコード

こちらの方法では，関係を判別する二つの固有表現の最短依存構造パスのうち，一つ目の固有表現である M1 から共通項までのパスおよび，二つ目の固

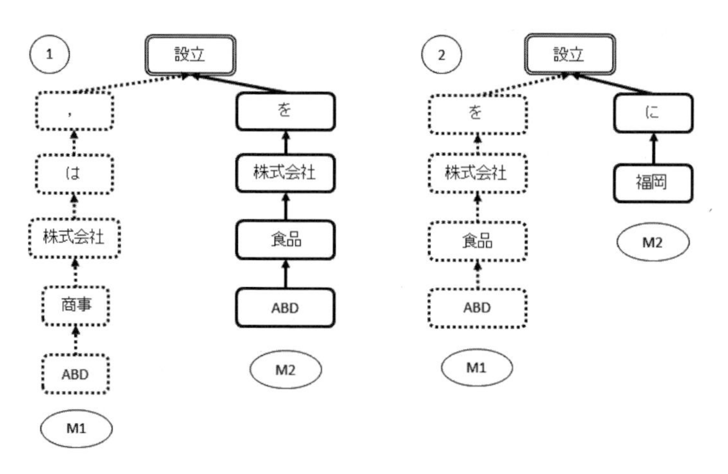

図 4.9 最短依存構造パスの例．二重線が共通項．点線が M1 から共通項のパス．実践が M2 から共通項のパス．

有表現である M2 から共通項までのパスをそれぞれの LSTM でエンコードした結果の両方を用いて，関係抽出を実施します．ですので，2 種類の LSTM を用います．M1，M2 用の LSTM を LSTM^{M1}，LSTM^{M2} として，M1，M2 の最短依存構造パス上の単語列を SDP^{M1}，SDP^{M2} としますと，それぞれを単語分散表現である $\mathbf{E}^{M1}$，$\mathbf{E}^{M2}$ に変換して，LSTM でエンコードします．

①の例では，SDP^{M1} は，

ABD 商事 株式会社 は ， 設立

SDP^{M2} は，

ABD 食品 株式会社 を 設立

となり，それぞれの各単語を単語分散表現に変換します．

$\mathbf{H}^{M1}$ と $\mathbf{H}^{M2}$ をエンコード結果とします．こちらは，SDP^{M1}，SDP^{M2} の単語列中の各単語に対するエンコード結果のベクトルを保持している行列となります．それぞれの単語数は，$|\mathrm{SDP}^{M1}|$，$|\mathrm{SDP}^{M2}|$ とします．

4.6.3 出力層の計算

まず，$\mathbf{H}^{M1}$ と $\mathbf{H}^{M2}$ をベクトルに変換します．その際に，一つの方法として「maxpool」を用います．

$$\mathbf{h}^{*M1} = \mathrm{maxpool}(\mathbf{H}^{M1})$$

$$\mathbf{h}^{*M2} = \mathrm{maxpool}(\mathbf{H}^{M2})$$

の箇所になります.

maxpool では，複数のベクトルが与えられたとき，それらの中で，各次元において，最大の値となるものを選択していくものです．たとえば，

$$(1,2,3),(2,0,1),(3,1,4)$$

と三つの 3 次元ベクトルに maxpool の処理を行う場合は，1 次元目の最大値は 3 番目のベクトルの「3」，2 次元目の最大値は 1 番目のベクトルの「2」，3 次元目の最大値は 3 番目のベクトルの「4」となり，

$$(3,2,4)$$

が生成されます.

その後

$$\mathbf{h}^{*} = [\mathbf{h}^{*M1}; \mathbf{h}^{*M2}]$$

と二つのベクトルを結合して，分類を行います．softmax 分類器を使う場合は，

$$P(y|\mathrm{M1},\mathrm{M2}) = \frac{\exp(\mathbf{w}^{y}\mathbf{h}^{*} + b^{y})}{\sum_{y' \in Y} \exp(\mathbf{w}^{y'}\mathbf{h}^{*} + b^{y'})}$$

と計算します．$\mathbf{w}^{y}$ がラベル y の重みベクトル，b^{y} がバイアス項です．最終的なラベルは，

$$\hat{y} = \operatorname*{argmax}_{y' \in Y} P(y'|\mathrm{M1},\mathrm{M2})$$

で計算します.

4.6.4 学習

学習にあたっては，抽出と同じく，出力層の計算までは，同じ処理が行われます．その後，出力層の計算結果と目的関数を基にパラメータ更新が行われます．また，正解のクラスラベルの情報を基にパラメータ更新が行われます．θ を M1 と M2 用のすべての学習対象のパラメータとすれば，負の対数尤度関数を用いる場合，

$$J(\theta, y, \mathrm{M1}, \mathrm{M2}) = -\sum_{i=1}^{K} [[y_i = y]] \log(P(y_i|\mathrm{M1},\mathrm{M2})) + \lambda\|\theta\|$$

が目的関数となります．ここでの m はクラス数となります．y_i は i 番目のクラスラベルで，

$$[[y_i = y]]$$

は，y_i が y と同一のときは1，それ以外は0とします．つまり，学習時は，正解のクラスラベルの sotmax の値を基にパラメータ更新が行われます．λ は正則化項のパラメータで，$\|\theta\|$ はオーバフィッティング 抑制のための正則化項となります．最後に，目的関数の微分結果を基に，バックプロパゲーションにて，学習対象のパラメータが更新されます．

Algorithm 10 では，

$$\mathrm{Backward}(P(y|\mathrm{M1}, \mathrm{M2}))$$

の箇所で，上記の目的関数に対するパラメータの偏微分を計算し、得られた勾配を基にパラメータを更新します．

第5章

評価方法

本章では，固有表現抽出および関係抽出のシステムの評価方法について説明します．評価は，システム開発の目安の一つであり，精度だけでなく，速度，メモリ消費量などが対象となります．本章では，精度の評価方法について説明します．精度の評価は，辞書ベースやルールベース，機械学習手法に基づく手法といった異なる情報抽出システムを，評価データ上の精度で比較し，最終的に利用するシステムを選択するために行います．

5.1 評価のためのデータの準備

機械学習を用いる場合は，パラメータのチューニングが必要となり，また，複数の学習手法を比較する場合もあります．そのために正解が付与されたデータを学習用・評価用と分割して実施する方法が用いられます．2 種類の分割方法を説明します．

- 「教師データ」，「開発データ」，「評価データ」に分割する方法．
  - ・教師データ：学習を行うためのデータ．異なるパラメータで複数のモデルを学習する．
  - ・開発データ：モデルを選択するためのデータ．異なるパラメータで学習したモデルのうち，開発用データで最も高い精度のものを選択する．
  - ・評価データ：開発用データで選択したモデルを適用し，精度を計測する．

最終的には，決定したパラメータとすべてのデータを用いてモデルを学習します．

【評価データ】
⟨PER⟩ ケン・宮崎 ⟨/PER⟩ 氏が社長を務める
⟨ORG⟩ABD 商事株式会社 ⟨/ORG⟩ は,
⟨DATE⟩2017 年 6 月 1 日 ⟨/DATE⟩ 付けで,
⟨ORG⟩ABD 食品株式会社 ⟨/ORG⟩ を ⟨LOC⟩ 福岡 ⟨/LOC⟩ に設立する.

【抽出結果】
⟨PER⟩ ケン・宮崎氏 ⟨/PER⟩ が ⟨PER⟩ 社長 ⟨/PER⟩ を務める
⟨ORG⟩ABD 商事 ⟨/ORG⟩ 株式会社は,
⟨DATE⟩2017 年 6 月 1 日 ⟨/DATE⟩ 付けで,
ABD 食品株式会社を ⟨PER⟩ 福岡 ⟨/PER⟩ に設立する.

図 5.1　評価データと抽出結果の例

- N 分割の交差検定：交差検定を行う際には，データセットを，重なりがないように N 分割します．分割したデータを D=D[1] D[2], ... $D[N-1]$, $D[N]$ とした場合，$D[i]$ を評価データとして，D 中の $D[i]$ 以外の残りを学習に利用という評価を N 回行います．

  これにより，N 個の評価結果が得られますので，これらの平均を最終的な評価に使うことが行われます．

  $N = 3$ であれば，「D[1] を評価データ，D[2]，D[3] を学習に利用」，「D[2] を評価データ，D[1]，D[3] を学習に利用」，「D[3] を評価データ，D[1]，D[2] を学習に利用」，という形で学習・評価が行われます．

  N 分割した場合は，「N 分割の交差検定」と呼ばれます．特に，M 個のデータのうち，「M-1」を学習，残り「1」を評価に使う場合は，「leave-one-out」と呼ぶことがあります．交差検定ですが，データサイズが小さければ「leave-one-out」で，データサイズが大きければ，$N = 5$ なり，$N = 10$ などが使われています．

5.2　固有表現抽出の評価方法

評価の際は，正解が付与された評価用データと比較して，精度計測を行います．抽出された範囲と固有表現の種類が一致した場合に正解とします．IOB2 を用いた場合は，「B-NE」から「I-NE」が続く単語の範囲を一つの固有表現として扱います．評価の尺度としては次の三つが用いられます．

- *Recall*：漏れの少なさを計る指標．評価用データ中の固有表現をすべて抽出できたら 1 となります．

$$Recall = \frac{\text{正しく抽出できた固有表現}}{\text{評価用データ中の固有表現の数}}$$

- *Precision*：抽出誤りの少なさを計る指標．抽出した固有表現がすべて正解であれば 1 となります．

$$Precision = \frac{\text{正しく抽出できた固有表現}}{\text{固有表現抽出器が抽出した固有表現数}}$$

- *F-measure*：*Recall* と *Precision* の調和平均です．両方の値が 1 なら 1 となります．

$$F\text{-}measure = \frac{2 \times Recall \times Precision}{Recall + Precision}$$

図 5.1 の評価データと抽出結果を例に計算方法を説明します．*Recall* は，「⟨DATE⟩2017 年 6 月 1 日 ⟨/DATE⟩」だけが正しく抽出されており，評価データ中には五つの固有表現が含まれるため，

$$Recall = \frac{1}{5} = 0.2$$

となります．

抽出結果のうち，「⟨PER⟩ ケン・宮崎氏 ⟨/PER⟩」は固有表現の種類は一致していますが，「氏」まで含んでおり，範囲が一致しないため誤りとなります．「⟨ORG⟩ABD 商事 ⟨/ORG⟩」は「株式会社」を抽出できていないため，誤りとなります．また，「ABD 食品株式会社」は固有表現として抽出していないため，誤りとなります．⟨PER⟩ 福岡 ⟨/PER⟩ は固有表現として抽出され，範囲は一致していますが，固有表現の種類が LOC でなく，PER と間違って抽出しているため，誤りとなります．

Precision については，抽出結果では，「⟨PER⟩ ケン・宮崎氏 ⟨/PER⟩」，「⟨PER⟩ 社長 ⟨/PER⟩」「⟨ORG⟩ABD 商事 ⟨/ORG⟩ 株式会社」，「⟨DATE⟩2017 年 6 月 1 日 ⟨/DATE⟩」，「ABD 食品株式会社」および「⟨PER⟩ 福岡 ⟨/PER⟩」が，6 種類の固有表現が抽出されています．しかし，「⟨DATE⟩2017 年 6 月 1 日 ⟨/DATE⟩」だけが正しく抽出されておりますので，

$$Precision = \frac{1}{6} = 0.1666...$$

となります．

$F\text{-}measure$ は Recall と Precision の値を基に計算しますので，以下のようになります．

$$F\text{-}measure = \frac{2 \times \frac{1}{5} \times \frac{1}{6}}{\frac{1}{5} + \frac{1}{6}} = 0.1818...$$

5.3　関係抽出の評価

固有表現間の正解の関係が抽出されているかを評価します．関係がない固有表現間に関係が付与されている場合，関係はあるが異なる関係が付与されている場合は間違いとなります．評価では，固有表現抽出と同じく，*Recall*，*Precision*，*F-measure* が利用されます．

- *Recall*： 漏れの少なさを計る指標．評価用データ中の固有表現間の関係をすべて抽出できたら 1 となります．

$$Recall = \frac{\text{正しく抽出できた関係の数}}{\text{評価用データ中の関係の数}}$$

- *Precision*：抽出誤りの少なさを計る指標．抽出した固有表現間の関係がすべて正解であれば 1 となります．

$$Precision = \frac{\text{正しく抽出できた関係の数}}{\text{関係抽出器が抽出した関係の数}}$$

- *F-measure*： 固有表現抽出と同じく，*Recall* と *Precision* の調和平均です．両方の値が 1 なら 1 となります．

$$F\text{-}measure = \frac{2 \times Recall \times Precision}{Recall + Precision}$$

図 5.2 の評価データと抽出結果を例に計算方法を説明します．(R1) と (R2) が関係抽出の結果であり，(A1) と (A2) が正解となります．

まず，*Recall* の計算になります．*Recall* は，(R1) が (A1) 合致して，正しく抽出されており，また，正解としては，(A1) と (A2) の二つの関係が含まれるため，

評価データ

固有表現正解
⟨LOC⟩ 宮崎 ⟨/LOC⟩ に本社を置く ⟨ORG⟩ABD 商事株式会社 ⟨/ORG⟩ は ⟨DATE⟩1917 年 ⟨/DATE⟩ 創業で，10 年ぶりの分社化となる．
関係抽出正解
(A1) HomeCity(ABD 商事株式会社, 宮崎) (A2) FoundingDate(ABD 商事株式会社, 1917 年)

抽出結果

固有表現抽出結果
⟨PER⟩ 宮崎 ⟨/PER⟩ に本社を置く ⟨ORG⟩ABD 商事株式会社 ⟨/ORG⟩ は ⟨DATE⟩1917 年 ⟨/DATE⟩ 創業で，⟨DATE⟩10 年 ⟨/DATE⟩ ぶりの分社化となる．
関係抽出結果
(R1) HomeCity(ABD 商事株式会社, 宮崎) (R2) FoundingDate(ABD 商事株式会社, 10 年)

図 5.2 評価データと抽出結果の例

$$Recall = \frac{1}{2} = 0.5$$

となります．

続いて，*Precision* の計算になります．抽出結果のうち，正解は *Recall* と同じく，(R1) だけとなり，(R2) は，(A1)，(A2) に合致しないため，誤りとなります．また，抽出結果は二つあるため，

$$Precision = \frac{1}{2} = 0.5$$

となります．

F-measure は *Recall* と *Precision* の値を基に計算します．

$$F\text{-}measure = \frac{2 \times \frac{1}{2} \times \frac{1}{2}}{\frac{1}{2} + \frac{1}{2}} = 0.5$$

上の例では，固有表現の種類の違いは考慮しませんでしたが，固有表現の種類まで正しい場合に正解とする場合は，「HomeCity(ABD 商事株式会社, 宮崎)」は，関係は正しく判別されていますが，「⟨LOC⟩ 宮崎 ⟨/LOC⟩」を「⟨PER⟩ 宮崎 ⟨/PER⟩」として抽出しているため，誤りとなり，*Recall*，*Precison*，*F-measure* とも 0 となります．

付録

A.1　固有表現抽出・関係抽出のコーパス

固有表現抽出・関係抽出のコーパスの入手先となります．なお，関係抽出のコーパスは，固有表現情報が付与されていますので，固有表現抽出のタスク評価にも利用可能です．

A.1.1　固有表現抽出のコーパス

- IREX コーパス（日本語）
  http://nlp.cs.nyu.edu/irex/Package/IREXfinalB.tar.gz
- 京都大学ウェブ文書リードコーパス（日本語）
  http://nlp.ist.i.kyoto-u.ac.jp/index.php?KWDLC
- BCCWJ NE コーパス（日本語）
  https://sites.google.com/site/projectnextnlpne/
- 拡張固有表現タグ付きコーパス（日本語）
  http://www.gsk.or.jp/catalog/gsk2014-a/
- CoNLL 2002 Shared Task データ（スペイン語，オランダ語）
  http://www.cnts.ua.ac.be/conll2002/ner.tgz
- CoNLL 2003 Shared Task データ（英語，ドイツ語）
  https://www.clips.uantwerpen.be/conll2003/ner.tgz
- CoNLL 2012 Shared Task データ（英語）
  http://conll.cemantix.org/2012/data.html
- BioCreative IV chemical compound and drug name recognition (CHEMD-NER) corpus（英語）
  https://biocreative.bioinformatics.udel.edu/resources/biocreative-iv/chemdner-corpus/

A.1.2 関係抽出コーパス

- ACE 2004（英語）
  https://catalog.ldc.upenn.edu/LDC2005T09
- ACE 2005（英語）
  https://catalog.ldc.upenn.edu/LDC2006T06
- ACE 2007（英語）
  https://catalog.ldc.upenn.edu/LDC2014T18
- SemEval-2010 Task 8（英語）
  https://docs.google.com/document/d/
  1QO_CnmvNRnYwNWu1-QCAeR5ToQYkXUqFeAJbdEhsq7w/preview
- BioCreative V chemical-disease relation (CDR) task corpus （英語）
  https://github.com/JHnlp/BioCreative-V-CDR-Corpus
- Text mining chemical-protein interactions (CHEMPROT) corpus（英語）
  https://biocreative.bioinformatics.udel.edu/tasks/biocreative-vi/track-5/

A.2 固有表現抽出の補足

A.2.1 固有表現表現のチャンク表現方法

固有表現は一つの単語からだけでなく，複数の単語（単語のチャンク）から構成される場合があり，本書の説明で使ったIOB2以外にも表現方法が提案されております．ここでは，IOB2に加えて，IOB1 [16]， IOE1，IOE2 [17]，BIEOS [18] の5種類のチャンク表現を説明します．

- **IOB1**：I，O，Bの三つのタグを用います．Iはチャンクの中，Oはチャンクの外，Bはチャンクの先頭であることを意味します．IOB1では，Bについては，他のチャンクに連続して出現するチャンクの先頭の単語にだけ付与されます．
- **IOB2**：I，O，Bの三つのタグを用います．I，Oに関しては，IOB1と同じ意味です．しかし，Bについては，IOB1と異なり，チャンクの先頭に位置する単語に常に付与されます．
- **IOE1**：I，O，Eの三つのタグを用います．Iはチャンクの中，Oはチャンクの外，Eはチャンクの最後であることを意味します．IOE1では，Eにつ

	田中	使節	団	は	日	米	間
IOB1	I-ORG	I-ORG	I-ORG	O	I-LOC	B-LOC	O
IOB2	B-ORG	I-ORG	I-ORG	O	B-LOC	B-LOC	O
IOE1	I-ORG	I-ORG	I-ORG	O	E-LOC	I-LOC	O
IOE2	I-ORG	I-ORG	E-ORG	O	E-LOC	E-LOC	O
BIEOS	B-ORG	I-ORG	E-ORG	O	S-LOC	S-LOC	O

図 A.1 固有表現タグの例．ORG と LOC は ORGANIZATION, LOCATION の略．

いては，あるチャンクの直前に連続して出現するチャンクの最後の単語にだけ付与されます．

- **IOE2**：I，O，E の三つのタグを用います．I，O に関しては，IOE1 と同じ意味です．しかし，E については，IOE1 と異なり，チャンクの最後に位置する単語に常に付与されます．
- **BIEOS**：S，B，I，E，O の五つのタグを用います．S はある一つの 単語が一つのチャンクを構成する場合に用います．B は二つ以上の単語で構成されるチャンクの先頭の単語，E は二つ以上の単語で構成されるチャンクの最後の単語に用います．I は三つ以上の単語で構成されるチャンクの中の単語に用います．O は上記以外の単語に用います．

これらの 5 種類の表現方法を用いて，5 種類の固有表現タグセットを定義します．それぞれの固有表現タグは，固有表現のクラスと B，I，E，S のチャンク内での位置を示すタグの組合せで表現されます．

たとえば, PERSON を BIEOS で表現する場合は, PERSON の先頭である単語に用いられる B-PERSON, PERSON の中の単語に用いられる I-PERSON, PERSON の最後の単語に用いられる E-PERSON，単独で PERSON になる単語に用いられる S-PERSON の 4 種類のタグが作成されます．また，O タグに関しては，固有表現ではない単語に対して用います．

N 種類の固有表現が定義されている場合は，IOB1， IOB2，IOE1，IOE2 に基づく固有表現タグセットは $(N \times 2) + 1$ 種類から，BIEOS に基づく固有表現タグセットは，$(N \times 4) + 1$ 種類から構成されることになります．

図 A.1 に各固有表現タグセットによる例を載せます．

A.2.2 固有表現抽出における適切なラベル列の逐次的決定方法

Viterbi アルゴリズムを使わない場合に決定的に適切なラベル列を抽出時に選ぶ方法もあります．Algorithm 11 は，文頭から文末に向って逐次的に固有

Algorithm 11 文の先頭からの逐次的固有表現抽出

入力単語列： $\mathbf{X} = \mathbf{X}_1, ..., \mathbf{X}_M$
ラベル集合：$L_1, ...\ L_K$
モデル： $f_{L_1}(\mathbf{x}), \quad ..., f_{L_K}(\mathbf{x})$
出力ラベル：$NE[1], ..., NE[M]$
一つ前のラベル：$NE[0] =$ BOS；#初期値は BOS (文頭) の意味
$C_{\langle P,L \rangle}$: P と L が接続可能なら 1，それ以外は 0
for $i = 1$ **to** M **do**
　# 入力単語列 $\mathbf{X}$ から i 番目の単語に関する素性を抽出
　$\mathbf{x} = \mathrm{FeatureExtraction}(\mathbf{X}, i)$
　#一つ前のラベル $NE[i-1]$ と接続可能なラベル L で $f_L(\mathbf{x})$ が最大のものを選択
　$NE[i] = \underset{L \in \{L_1, ...L_K\} \wedge C_{\langle NE[i-1], L \rangle} == 1}{\mathrm{argmax}} f_L(\mathbf{x})$
end for
#最後は文末の単語に関する制約を基に選択
$NE[M] = \underset{L \in \{L_1, ...L_K\} \wedge C_{\langle NE[M-1], L \rangle} == 1 \wedge C_{\langle L, \mathrm{EOS} \rangle} == 1}{\mathrm{argmax}} f_L(\mathbf{x})$
return $NE[1], ..., NE[M]$

表現ラベルを決定する方法です．この方法では，ラベルの接続可否の情報を基にラベル列を決定してきます．Viterbi アルゴリズムと同じく，表 3.6 にあるような連接テーブルを使います．ここでは，$C_{\langle P,L \rangle}$ を，ラベル P と L が接続可能なら 1，それ以外は 0 とします．

ここでは，$f_{L_k}(\mathbf{x})$ をラベル L_k における，$\mathbf{x}$ に対するスコアを用います．$f_{L_k}(\mathbf{x})$ は，学習アルゴリズムで得られるもので，パーセプトロンなら，

$$f_{L_k}(\mathbf{x}) = \mathbf{x} \cdot \mathbf{w}_{L_k}$$

となります．

$$NE[i] = \underset{L \in \{L_1, ...L_K\} \wedge C_{\langle P, L \rangle} == 1}{\mathrm{argmax}} f_L(\mathbf{x})$$

は，一つ前のラベル P に接続可能なラベル L の最大のスコア $f_L(\mathbf{x})$ を持つラベル L を選択している箇所になります．argmax の下の

$$L \in \{L_1, ...L_K\} \wedge C_{\langle P,L \rangle} == 1$$

が，逐次的に決められた一つ前のラベル P に接続可能なラベル L という意味になり，argmax は，上記の条件を満たして $f_L(\mathbf{x})$ が最大となるラベル L を返すという意味になります

Algorithm 12 ラベル付きデータの生成

x: 入力のタグ付きテキスト
t: x からタグを除いたテキスト
$NE[id]$: id 番目の固有表現の位置とクラス情報 ($Begin$, End, $Class$) を保持.
$|NE|$： x 中の NE の個数
X: t から形態素解析器によって切り出された単語列
Y : 各単語に付与された固有表現ラベル
cn($\mathbf{X}_i$) : 単語 $\mathbf{X}_i$ に含まれる文字数
$id = 1$; # 固有表現情報の位置
$i = 1$; # 単語の位置
$j = 1$; #現在の文字の位置. 1 から開始するとする.
# |t| は t 中の文字数とする.
while $j < |t|$ **do**
  if $j < NE[id].Begin$ **or** $|NE| < id$ **then**
    $\mathbf{Y}_i = O$; #条件 1 ：範囲以外か 全ての固有表現情報を付与
  else $\{NE[id].Begin == j\}$
    $\mathbf{Y}_i =$ B-$NE[id].Class$; #条件 2:固有表現の先頭あるいは一単語で固有表現
  else
    $\mathbf{Y}_i =$ I-$NE[id].Class$; #条件 3:固有表現の中
  end if
  $j = j + \mathrm{cn}(\mathbf{X}_i)$; $i = i + 1$;
  if $NE[id].End <$ j **then**
    $id = id + 1$
  end if
end while

今まで例に用いてきた IOB2 では必要はありませんが，ラベルの表現方法によっては，文末による制限が必要になることもあります．そこで，文末の単語に関する制約も入れております．たとえば，A.2.1 項にある，BIEOS という固有表現の先頭 (B)，中 (I)，最後 (E)，単独で固有表現 (S) とラベルを設定する場合は，文の最後に来る単語は，たとえば，B-PER や I-PER といった，各固有表現の先頭や中となるラベルを付与することはできず，S-PER, E-PER のような，単独で固有表現か固有表現の最後，O である必要があります．

A.2.3 固有表現タグ付きテキストからの変換処理

Alogrihtm12 に変換方法の概要を載せます．

表 **A.1** 固有表現の出現位置（文字数）.

id	$NE[id].Begin$	$NE[id].End$	$NE[id].Class$
1	1	5	PER
2	13	23	ORG

⟨PER⟩ ケン・宮崎 ⟨/PER⟩ 氏が社長を務める
⟨ORG⟩ABD 商事株式会社 ⟨/ORG⟩ は，...

が「x」として，与えられたとします．まず，固有表現の範囲の情報を学習データ x から取り出します．この場合は，図 A.1 のようになります．

Begin は開始タグが挿入されていた文字の開始位置の文字数，End は終了タグが挿入されていた文字の終了位置の文字数となります．

文字の切り出しは，文字コードに従って実施します．文字コードの説明は文献 [19] をご参照ください．

続いて，t として，

ケン・宮崎氏が社長を務める ABD 商事株式会社は，...

を取り出します．続いて t から形態素解析器を使って，

$\mathbf{X}_1$=ケン
$\mathbf{X}_2$=・
$\mathbf{X}_3$=宮崎
$\mathbf{X}_4$=氏
$\mathbf{X}_5$=が
$\mathbf{X}_6$=社長
$\mathbf{X}_7$=を
$\mathbf{X}_8$=務める
$\mathbf{X}_9$=ABD
$\mathbf{X}_{10}$=商事
$\mathbf{X}_{11}$=株式会社
$\mathbf{X}_{12}$=は
$\mathbf{X}_{13}$=，...

と単語が切り出されたとします．あとはこれらの情報を基に，各単語のラベルを決めていきます．

表 A.2 Algorithm12 による単語列へのラベル付与の例

i	$\mathbf{X}_i$	id	j (開始位置)	k (終了位置)	$\mathbf{Y}_i$	条件
1	ケン	1	1	2	B-PER	2
2	・	1	3	3	I-PER	3
3	宮崎	1	4	5	I-PER	3
4	氏	2	6	6	O	1
5	が	2	7	7	O	1
6	社長	2	8	9	O	1
7	を	2	10	10	O	1
8	務める	2	11	13	O	1
9	ABD	2	14	16	B-ORG	2
10	商事	2	17	18	I-ORG	3
11	株式会社	2	19	22	I-ORG	3
12	は	3	23	23	O	1
13	,	3	24	24	O	1

表 A.2 にタグ付けおよび状態の変化を示します．最初は，i =1 から始まり，$id = 1, j = 1$, k=2, で $NE[1].Begin$ が 1, $NE[1].End$ が 5 であるので，「条件 2」にて，「$\mathbf{X}_1$=ケン」には「$\mathbf{Y}_1$=B-PER」($B - NE[1].Class$) が付与されます．ケンの文字数は，「cn(ケン)」により 2 文字と戻ってきますので，id =1, $j = 3$, k=3 となり，$NE[1].Begin$ が 1, $NE[1].End$ が 5 であるので,「条件 3」にて,「$\mathbf{X}_1$=・」には，「$\mathbf{Y}_2$=I-PER」が付与されます.

「$\mathbf{X}_2$=・」には, id=1, j=5, k=7 であり,「条件 3」にて,「$\mathbf{Y}_2$=I-PER 」が付与されます.「$\mathbf{X}_3$ = 宮崎」には id=1, $j = 4$, k =5 となり，$j < NE[id].Begin$ なので,「条件 3」にて，「$\mathbf{Y}_3$=I-PER」が付与されます.

更新された j の値 6 が，ここで，$NE[1].End$ の値「5」を超えるため，id を 1 増加して，id=2 とし，次の固有表現情報に移ります.

「$\mathbf{X}_4$=氏」，「$\mathbf{X}_5$=が」，「$\mathbf{X}_6$=社長」，「$\mathbf{X}_7$=を」および,「$\mathbf{X}_8$=務める」は，j < NE[id].Begin なので，「条件 1」にて，$\mathbf{Y}_4$ から $\mathbf{Y}_8$ には，固有表現以外を示す「O」が付与されます.

続いて,「$\mathbf{X}_9$=ABD」は，$id = 2, j = 13$, k=15, で $NE[2].Begin$ が 13, $NE[2].End$ が 23 であるので,「条件 2」にて,「$\mathbf{Y}_9$=B-PER」($B{-}NE[1].Class$) が付与されます．続いて,「$\mathbf{X}_{10}$=商事」と「$\mathbf{X}_{11}$=株式会社」には,「条件 3」にて,「$\mathbf{Y}_{10}$=I-PER」と「$\mathbf{Y}_{11}$=I-PER」が付与されます.

「$\mathbf{X}_{12}$=は」と「$\mathbf{X}_{13}$=,」には，|NE| < j であり，すべての固有表現情報が付与された状態となって,「条件 1」にて,「O」が付与されます．これによっ

て，図 3.5 の状態が生成されます．

こちらの方法ですが，単語の境界と固有表現の境界が一致するという条件にて，ラベル付けが行われます．しかし，単語「訪米」の「米」が LOC といった，単語の一部だけが固有表現となる場合もありますので，そのような場合への対処が必要となります．例外処理については，A.2.4 項に対処例を載せます．また，IOB2 という表現方法以外にも，IOB1，IOE1，IOE2，BIEOS といった表現方法もあります．それらについては，A.2.1 項に説明を載せます．また，単語の一部が固有表現となる場合の対処方法につきまして，A.2.5 項に紹介します．

A.2.4 単語と固有表現境界が一致しない場合の変換処理

形態素解析結果と固有表現の境界は必ずしも一致するとは限りません．以下が IREX の定義で，境界が一致しない例になります．

- 単語の中に単独の固有表現が存在する場合

  例：北 ⟨PERCENT⟩ 半 ⟨/PERCENT⟩ 球

- 単語の先頭から途中までが固有表現の場合

  例：⟨LOCATION⟩ 中国 ⟨/LOCATION⟩ 人

- 単語の途中から固有表現の場合

  例：訪 ⟨LOCATION⟩ 米 ⟨/LOCATION⟩

- 一つの単語に複数の固有表現が存在する場合

  例：日中 関係 →
  ⟨LOCATION⟩ 日 ⟨/LOCATION⟩⟨LOCATION⟩ 中 ⟨/LOCATION⟩
  関係

- 複数単語で構成される場合，最後の単語の途中までが固有表現

  例：ソウル 市内 → ⟨LOCATION⟩ ソウル 市 ⟨/LOCATION⟩ 内

- 複数単語で構成される場合，最初の単語の途中からが固有表現．ここでは，「プレシデントジョン」が形態素解析の誤りで一単語認識されたとする．

Algorithm 13 学習データの生成 (不一致対応版)

x: 入力のタグ付きテキスト
t: x からタグを除いた力テキスト
|t|: t 中の文字数
$NE[id]$: id 番目の固有表現の位置とクラス情報 ($Begin$, End, $Class$) を保持.
X : t から形態素解析器によって切り出された単語列
Y : 各単語に付与された固有表現ラベル
cn($\mathbf{X}_i$) : 単語 $\mathbf{X}_i$ の文字数
$id = 0$
$i = 1$; # 単語の位置
$j = 1$; #現在の文字の位置. 1 から開始するとする.
#TRUE: 先頭 (B) を出力する. FALSE:中 (I) を出力.
$NEBEGIN$ = TRUE
while $j < |\mathrm{t}|$ **do**
  $k = j$ + cn($\mathbf{X}_i$) - 1; # 現単語の t 内での最後の文字の位置
  if $k < NE[id].Begin$ **then**
    $\mathbf{Y}_i$ = O ; #条件 1
  else {$NE[id].Begin \leq$ k **and** $NEBEGIN$=TRUE}
    $\mathbf{Y}_i$ = B-$NE[id].Class$; #条件 2:固有表現の先頭あるいは一単語で固有表現
    $NEBEGIN$ = FALSE; # 先頭のタグを出力したことを記録.
  else
    $\mathbf{Y}_i$ = I-$NE[id].Class$; #条件 3:固有表現の中
  end if
  $j = j$+len($\mathbf{X}_i$); $i = i + 1$;
  while $NE[id].End < j$ **do**
    # 越えている限りスキップ
    $id = id + 1$; $NEBEGIN$ = TRUE;
  end while
end while

例：プレシデントジョン ・ 田中 →
プレシデント ⟨PERSON⟩ ジョン ・ 田中 ⟨/PERSON⟩

単語ベースの固有表現抽出の場合，これらに対応する擬似アルゴリズムを Algorithm 13 に載せます．こちらでは，条件を緩和しており，境界が一致しない場合でも，単語の最後が固有表現の範囲に入りかつ，まだ，先頭のタグを出力していない場合は，条件 2 を適用するとしております．このように，生成される単語へのラベル付け実施後においては，単語の境界が固有表現の境界と必ずしも一致しないため，A.2.5 項にあるように文字単位の固有表現抽出を組み合わせるなどの対処が必要となります．

A.2.5 単語の一部が固有表現となる場合の抽出方法

以下，2 種類の方法を紹介します．まずは，固有表現抽出を文字単位で実施する方法です [20]．この場合は，単語を最小単位とするのではなく，文字を最小単位として処理を行います．別の方法としては，単語単位の固有表現抽出の後に，文字単位の固有表現抽出を行う方法です [21]．その際は，単語単位の固有表現抽出の固有表現抽出を行った後に，その結果を手掛かりに用いて，文字単位での処理を行います．

A.2.6 その他の固有表現抽出方法

以下のような固有表現抽出手法もあります．

- 2 段階による固有表現抽出．固有表現となるチャンクを判別後に，チャンクの固有表現タイプを判定する方法 [22] があります．この方法では，固有表現となるチャンクの判別，チャンクの固有表現タイプ判定の 2 種類の学習・抽出が必要ですが，セミマルコフモデルのようにチャンクから得られる素性を利用できるようになります．
- SHIFT REDUCE 方式による固有表現抽出．SHIFT 手続きで固有表現となるチャンクを抽出し，REDUCE により，チャンクの固有表現タイプを判定します [23]．また，名詞句抽出や辞書などで判別されたチャンクを分解・結合することで固有表現を抽出する方法もあります [24]．

A.3 関係抽出の付録

A.3.1 固有表現の制約を用いた関係クラスの制限

例で利用した，President，HomeCity，FoundingDate のように，受けつける固有表現の種類を制約として利用するとした場合は，「M1-President-M2」，「M2-President-M1」と方向を考えることなく，

- President，HomeCity，FoundingDate と一部のクラスをまとめることができます．

OTHERとは，関係を保有しない固有表現の間に付与される関係です．この場合は，President，HomeCity，FoundingDateについては，PresidentはPERとORG間に，HomeCityはORGとLOCの間に，FoundingDateはORGとDATEの間に限定とします．

A.3.2　その他の関係抽出手法

他にも，以下のような関係抽出手法もあります．

- 2段階に分けての抽出．まずは，関係のあり / なしの判別を行い，関係ありと判別された場合は，詳細な関係を判別します．
- カーネル法の利用．係り受け解析器や構文解析器を用いて木構造化されたテキスト間の類似度を計算した結果を基にする方法であるTree Kernel [25]を用います．Tree KernelをperceptronやSVMsに組み込むことで，木構造からの明示的な部分木の素性抽出を行わなくとも，関係を判別したい入力の木構造と，教師データ中のラベルが付与された木構造の類似度を基に，分類を行います．
- ニューラルネットワークでの木構造の考慮．文献[26]では，木構造に対するLSTMであるTree LSTM [27]を利用しています．これにより，単語列に用いるLSTMの場合と異なり，たとえば，二つの固有表現をリーフとする木構造をエンコードして，関係を判別するといったことが可能となります．

A.4　情報抽出における複数タスクの学習

複数のタスクを学習することで，精度改善を行うアプローチも研究されています．

A.4.1　同時学習

情報抽出における同時学習 (Joint Learning) の一つとして，固有表現抽出と関係抽出同時に実施するモデルを学習する方法が提案されています．通常の関係抽出では，固有表現抽出を実施した結果に対して，関係を判別しますが，同時学習の枠組みでは，固有表現抽出と関係抽出を同時に行います．そのため，ある関係を持つ固有表現のペアといった固有表現抽出においては通常は用いることができない関係情報を考慮することができます.

たとえば, 固有表現抽出と関係抽出の同時学習として, セミマルコフパーセプトロンを応用した学習手法 [28] が提案されています. この方法では, ビームサーチを基に, 固有表現の候補と, 固有表現の間の関係を候補を生成しながら同時に固有表現抽出, 関係抽出を実施し, 学習時には, 固有表現と関係が同時に正しく抽出されるように学習を行います. なお, 4.4 節で紹介した関係抽出の構造学習は, 文献 [28] の手法を, 固有表現抽出の結果が与えられた状態で, 関係抽出の構造学習を行う手法になります.

A.4.2 マルチタスク学習

ニューラルネットワークにおける, マルチタスク学習 (Multi-task learning) では, モデルの一部のパラメータを共有しながら, 複数のタスクを同時に学習します. たとえば, 情報抽出の分野では, 固有表現抽出と言い換え生成の学習 [29], 固有表現抽出と関係抽出の学習 [26] が提案されており, これらの手法では, 各タスクで共通である, 入力の単語列のエンコードのための LSTM パラメータを共有して学習を行っています.

A.5 情報抽出におけるラベルなしテキストの利用

情報抽出において, ラベルが付与されていないテキストを利用して獲得される情報やモデルを基に精度改善を行う手法や学習データを作成する手法を紹介します.

A.5.1 固有表現抽出のための半教師あり学習

教師データに加えて, 正解が付与されていないラベルなしデータから得られる情報を用いる方法となります. 単語のクラスタリング結果を用いる方法 [30, 31], 次に出現する単語を予測する, 現在位置に出現する単語を予測するといったラベルなしデータから自動作成された分類器の予測結果を用いる方法 [32], ラベルなしデータに対して固有表現抽出を行った結果から学習したモデルの結果を用いる方法 [33], 自動構築した格フレームを用いる方法 [34] などが提案されています.

A.5.2 関係抽出のための半教師あり学習

関係抽出においても，教師データに加えて，正解が付与されていないラベルなしデータから得られる情報を用いる方法が提案されています．単語のクラスタの利用 [35]，Wikipedia から自動作成された関係抽出器の判別結果の利用 [36] などが提案されています．

A.5.3 Distant Supervison

Distant Supervison (DS) [37] は，既存のデータベースを用いて自動作成した教師データを用いる方法です．DS は，関係が定義されたデータがあれば自動で教師データを作成できるという利点がありますが，誤った学習データが生成されるという問題もあります．ですので，DS の分野では，自動生成された教師データの誤り削減という研究 [38] が行われています．現在，関係抽出の DS の研究で広く使われているデータとしては，Freebase を固有表現間の関係が定義されたデータベースとして用いた，New York Times data set [18] [39] があります．

[18] http://iesl.cs.umass.edu/riedel/ecml/ からダウンロード可能．

A.5.4 事前学習

ラベルなしテキストから，ニューラルネットワークにおいて，モデルを学習する方法が事前学習と呼ばれています．Contextualized word embeddings (CWE)[19] [40]，Contextual String Embeddings (CSE) [20] [41]，Bidirectional Encoder Representations from Transformers（BERT）[21] [42] などの事前学習手法が提案されており，固有表現抽出，関係抽出を含む多くの言語処理タスクで高い精度が報告されております．

これらの手法と 3.7.1 項で紹介した単語の単語分散表現との違いは，同じ単語であっても文脈によって異なるベクトル表現が得られるため，文脈に応じて意味合いが変化する単語も区別可能という点になります．

CWE であれば単語単位，CSE であれば文字単位の言語モデルを LSTM を用いてラベルなしテキストから学習しています．BERT であれば，言語モデルの学習と二つの文のペアが連続して出現するかどうかを予測するタスクを基にモデルを学習します．

事前学習モデルを，固有表現抽出，関係抽出といった目的のタスクの学習で利用するためには，事前学習モデルの出力を通常の単語埋め込みの代わり

[19] ELMo と呼ばれているもので，https://allennlp.org/elmo で実装が公開されています．

[20] https://github.com/zalandoresearch/flair で実装が公開されています．

[21] https://github.com/google-research/bert で実装が公開されています．

に用いる場合や，目的タスクに適した推論が行えるように事前学習モデルのネットワーク構造を維持したままパラメータを再調整するファインチューニングを (Fine Tuning) を行う方法があります．

A.6 固有表現抽出の実装に向けて

パーセプトロン，線形構造化パーセプトロンおよびセミマルコフパーセプトロンに基づく固有表現抽出の動作・実装例を紹介します．

A.6.1 固有表現抽出におけるパーセプトロンの学習の動作例

まず，パーセプトロンの動作として，表 3.2 および表 3.3 において，単語だけを素性として用いる例にて説明します．まず，表 3.2 については，

(素性 1) I-PER 現在位置の単語=宮崎 一つ前の単語=・ 二つ前の単語=ケン 一つ後の単語=氏 二つ後の単語=が

のように素性が抽出されます．表 3.3 については，

(素性 2) B-ORG 現在位置の単語=ABD 一つ前の単語=を 二つ前の単語=社長 一つ後の単語=商事 二つ後の単語=株式会社

のように素性が抽出されます．「I-PER」に関するモデルを学習する場合は，(素性 1)，(素性 2) から，以下の「学習事例 1」，「学習事例 2」のように，

(学習事例 1) +1 現在位置の単語=宮崎 一つ前の単語=・ 二つ前の単語=ケン 一つ後の単語=氏 二つ後の単語=が
(学習事例 2) -1 現在位置の単語=ABD 一つ前の単語=を 二つ前の単語=社長 一つ後の単語=商事 二つ後の単語=株式会社

のように，「I-PER」のラベルを持つ事例を「+1」，それ以外を「-1」に 変換します．ここでは，素性については，説明のため，対応する次元には変換せず，そのままの表記としておきます．

表 A.3 のように I-PER のモデルに対応する重みベクトル $\mathbf{w}_{\text{I-PER}}$ の初期値は 0 ベクトル（すべての次元の値が 0）とします．まず，学習事例として「学

表 A.3 I-PER のための重みベクトルの初期値

素性	値
二つ前の単語=ケン	0
二つ前の単語=社長	0
一つ前の単語=・	0
一つ前の単語=を	0
現在位置の単語=ABD	0
一つ後の単語=氏	0
一つ後の単語=商事	0
現在位置の単語=宮崎	0
二つ後の単語=が	0
二つ後の単語=株式会社	0

習事例 1」が与えられた場合，$\mathbf{w}_{\text{I-PER}}$ は 0 ベクトルのためスコアは 0 となるため，更新が行われます．その際，表 A.4 のように，ラベルが「+1」なので対応する素性の重みを 1 増加します．

表 A.4 1 回目の更新後の I-PER のための重みベクトル

素性	値
二つ前の単語=ケン	1
二つ前の単語=社長	0
一つ前の単語=・	1
一つ前の単語=を	0
現在位置の単語=宮崎	1
現在位置の単語=ABD	0
一つ後の単語=氏	1
一つ後の単語=商事	0
二つ後の単語=が	1
二つ後の単語=株式会社	0

続いて，表 3.5 の学習事例が与えられた場合，$\mathbf{w}$ のうち，対応する素性の値は 0 のため，更新が行われます．その際，表 A.5 のように，ラベルが「-1」なので対応する素性の重みを 1 減算します．

2 周目からは，両事例について，正しく分類できるため，モデルが更新されません．このように各事例について，分類の後，誤っていたら更新という流れを繰り返して，モデルを学習していきます．各ラベルのモデルにおいて

表 A.5 2回目の更新後の I-PER のための重みベクトル

素性	値
二つ前の単語=ケン	1
二つ前の単語=社長	-1
一つ前の単語=・	1
一つ前の単語=を	-1
現在位置の単語=宮崎	1
現在位置の単語=ABD	-1
一つ後の単語=氏	1
一つ後の単語=商事	-1
二つ後の単語=が	1
二つ後の単語=株式会社	-1

は，それぞれ，上記のように「+1」と「-1」に変換し学習を行います．

A.6.2 線形構造化パーセプトロンの動作・実装例

今までの例にあった，PER，ORG，LOC および，DATE の抽出のために IOB2 形式ラベル付与を考える場合，ラベルは，B-PER，I-PER，B-ORG，I-ORG，B-LOC，I-LOC，B-DATE，I-DATE および O の 9 種類となります．$\mathbf{X}_1 = \langle$ ケン ・ 宮崎 $\rangle$ であっても，3 単語に対し，9 種類のラベルを付与する場合は，合計，729 通り $(9 \times 9 \times 9)$ となります．このように，単純にすべての $\mathbf{Y}' \in \mathcal{Y}(\mathbf{X})$ を列挙して学習を行うのは効率的ではありません．

構造化パーセプトロンで必要となるのは，最大値のスコアを持つラベル列です．そこで，3.4.3 項にある Viterbi アルゴリズムを応用します．

まず，モデルの表現方法としては，表 A.6 にあるように素性からラベルを分離した形で持っておくようにします．ここでは，スペースの関係上，B-PER，I-PER，O の 3 種類に限定します．条件を満たすと各ラベルのスコアを付与するという意味で，ラベルとともに定義される素性と同じ表現になります．また，文頭を示すラベル，文末を示すラベル EOS が，最初と最後に付与されるとし，それぞれのラベルに関する遷移スコアも学習します．

この方法では，たとえば，「現在位置の単語=ケン ∧ 現在位置のラベル=B-PER」，「現在位置の単語=ケン ∧ 現在位置のラベル=I-PER」，「現在位置の単語=ケン ∧ 現在位置のラベル=O」と 3 種類の素性を生成して，それぞれのスコアを基に，現在位置の単語が「B-PER」，「I-PER」，「O」となるスコアを付与するのではなく，「現在位置の単語=ケン」の条件に適合したら，現

表 A.6 線形構造学習のモデル表現方法の一例．線形構造化パーセプトロンの初期値はすべて 0.

ラベルスコア

条件 / スコア	B-PER	I-PER	O
二つ前の単語=ケン	0	0	0
二つ前の単語=・	0	0	0
二つ前の単語=宮崎	0	0	0
⋮			
一つ前の単語=ケン	0	0	0
一つ前の単語=・	0	0	0
一つ前の単語=宮崎	0	0	0
⋮			
現在位置の単語=ケン	0	0	0
現在位置の単語=・	0	0	0
現在位置の単語=宮崎	0	0	0
現在位置の単語=氏	0	0	0
現在位置の単語=が	0	0	0
現在位置の単語=社長	0	0	0
⋮			

ラベル連接スコア

現在位置 / 一つ前	B-PER	I-PER	O	BOS
B-PER	0	0	0	0
I-PER	0	0	0	0
O	0	0	0	0
EOS	0	0	0	0

在位置の単語が「B-PER」,「I-PER」,「O」となるスコアを付与するという方法となります.

このようにすることで，条件を満たしたものに関連するラベルのスコアを付与するという形で処理できますので，逐一，ラベルを変えた素性を生成する必要がありません．また，今回は，「ラベル連接スコア」は，連続するラベルの並びだけが条件として付与される例となっていますので，単純に表の形で保持します．条件によって「ラベル連接スコア」が変わるのであれば,「ラベルスコア」のように，条件ごとに連接スコアを保持します.

Algorithm 14 が Viterbi アルゴリズムを応用した線形構造化パーセプトロン学習となります．こちらは，Algorithm 3 の argmax の計算箇所を詳細化したものにあたります.

こちらでは，一つの単語列とラベル列を受けとって，モデル $\mathbf{w}$ の更新を行います．文頭はラベルがBOSと限定して計算を行います．また，2単語目以降については，各単語に対し，すべての固有表現ラベルを考慮します．各ラベルのスコアを「LScore($\mathbf{X}$, i, $\mathbf{w}$)」にて，ラベル連接のスコアを「LCScore($\mathbf{X}$, i, $\mathbf{w}$)」にて付与します．$lsc[L]$ とは $\mathbf{X}$ 中のi番目の単語がラベル L となるスコアで，$lcsc[P][L]$ とは $\mathbf{X}$ 中の i 番目の単語がラベル L で一つ前のラベルが P となるスコアです．今回の例では，ラベル連接のスコアは単語によらず一定となりますが，各単語に対する各ラベルのスコアは異なります．

続いて，i 番目の単語がラベル L となる際に，到達し得るパスの中で最大となるスコアを $\delta_{\langle i,L\rangle}$ として保持し，$P_{\langle i,L\rangle}$ が，その際の一つ前のラベルとなります．この手続きを繰り返し行うことで，文末の単語まで処理します．

文末まで到達した後，文頭からの文末までのスコアが最大とラベル列を求めるために，文末の単語に付与されるラベルを，

$$\mathbf{Y}^*_M = \operatorname*{argmax}_{L \in L_{ALL}} \delta_{\langle M,L\rangle} + lcsc[L][\mathrm{EOS}]$$

で計算します．ここで，M は単語数で，$lcsc[L]\mathrm{EOS}]$ はラベル L がEOSに遷移するスコアです．$\mathbf{Y}^*_M$ が，スコアが最大となる単語列の最後に付与されるラベルとなります．あとは，このラベル情報を使って，再帰的に文末から文頭に向けてラベルを決定していきます．$P_{\langle i,L\rangle}$ には，i 番目のラベルが L の場合に，最大のスコアとなる一つ前の単語のラベルが保持されていますので，i 番目のラベル $\mathbf{Y}^*_i$ を使って，

$$\mathbf{Y}^*_i = P_{\langle i,\mathbf{Y}^*_i\rangle}$$

と，$\mathbf{Y}^*_{i-1}$ 番目のタグを決定します．

図A.2が各単語の各ラベル L における文頭からの最大スコア $\delta_{\langle i,L\rangle}$ とその際の一つ前のラベル $P_{\langle i,L\rangle}$ を含んだイメージとなります．文頭から文末に向けて，各ノードの文頭から最大のスコアとなる一つ前のノードとそのラベルを判別することで，図のような状態を構築し，EOSのラベルから最大となる一つ前の状態を順次たどることで，最大のスコアとなるチャンク列とそのラベル列を計算します．各単語のラベルの下の数値は $\delta_{\langle i,L\rangle}$ に相当する値となり，文頭から i 番目の単語のラベルが L となるラベル列の中で最大のスコアとなります．$P_{\langle i,L\rangle}$ に相当する情報は，各ラベルの線でつながった一つ前の単語のラベルになります．太枠のラベルが選択されるラベル列のパスになります．

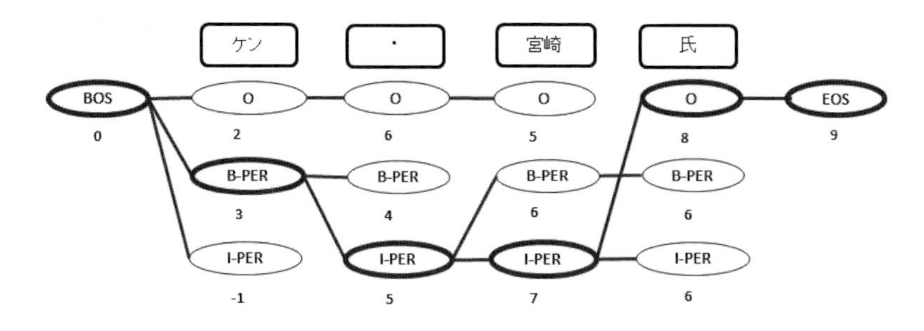

図 A.2　線形構造化パーセプトロンにおける Viterbi アルゴリズムによるラベル列選択のために保持されている情報のイメージ．ラベルの下の数値は各単語の各ラベルに到達する文頭からのスコアの最大値．各ノードからの線が最大のスコアとなる一つ前の単語のラベルへのパス．

Viterbi アルゴリズムでは，最大のスコアとなるラベル列全体を保持するのではなく，各単語の各ラベルに到達する最大スコアと，その際の一つ前のラベル情報を保持しておけば，文末の EOS まで処理した後，最大のスコアとなるラベル列を選択できます．まず，EOS に到達する最大のスコアとなる最後の単語のラベルとして，ここでは，「氏」の「O」が選択されます．その後，「氏」の「O」の一つ前の単語「宮崎」のラベルの内，最大のスコアとなったパスは，「I-PER」ですので，そちらを選択します．その後も，同様に残りの単語に対して処理を行うことで，「B-PER I-PER I-PER O」が選択されます．

最後にラベル列が決定した後にモデル更新を行います．

$$\mathbf{X} = \langle \text{ケン ・ 宮崎 氏} \rangle$$

に

$$\mathbf{Y}^* = \langle \text{I-PER O O I-PER} \rangle$$

と付与された場合，

$$\mathbf{Y} = \langle \text{B-PER I-PER I-PER O} \rangle$$

が正解であれば，

$$\mathbf{w} = \mathbf{w} + \Phi(\mathbf{X}, \langle \text{B-PER I-PER I-PER O} \rangle) - \Phi(\mathbf{X}, \langle \text{I-PER O O I-PER} \rangle)$$

と更新され，表 A.6 は，表 A.7 のようになります．各単語に関する素性については，たとえば，「現在位置の単語=ケン」が「B-PER」となるといった正しい素性については，スコアが加算されており，「氏」が「I-PER」となると

表 **A.7** 更新後のモデルの一例.

ラベルスコア

条件 / スコア	B-PER	I-PER	O
二つ前の単語=ケン	0	1	-1
二つ前の単語=・	0	-1	1
二つ前の単語=宮崎	0	0	0
:			
一つ前の単語=ケン	0	1	-1
一つ前の単語=・	0	1	-1
一つ前の単語=宮崎	0	-1	1
:			
現在位置の単語=ケン	1	-1	0
現在位置の単語=・	0	1	-1
現在位置の単語=宮崎	0	1	-1
現在位置の単語=氏	0	-1	1
現在位置の単語=が	0	0	0
現在位置の単語=社長	0	0	0
:			

ラベル連接スコア

現在位置 / 一つ前	B-PER	I-PER	O	BOS
B-PER	0	0	0	1
I-PER	1	1	0	-1
O	0	-1	-1	0
EOS	0	-1	1	0

いった誤った素性については，減算されています．ラベル連接スコアについては，正解のラベル列中の「B-PER I-PER」,「I-PER I-PER」は加算され，「O I-PER」のような誤ったラベル列については減算されています．このように学習事例を与えて学習をすることで，各素性を基にした各ラベル付与のスコアと，ラベル連接のスコアが学習されていきます．この構造学習の例では，3.4.3 項の例のように，ラベル連接の制約を入れておりませんが，誤ったラベル列が生成されれば，上記の例のように，負のスコアが与えられ，選ばれにくくなります．

また，ここでは，文頭，文末の単語に付与される固有表現ラベルを学習するために，先頭の単語については，文頭ラベル BOS からだけ遷移するとし，最後の単語については，文末ラベル EOS だけに遷移するとして，学習・抽出を行うとしています．そのため，学習時の，ラベル遷移スコアの更新の際は，文頭の単語については，BOS から各ラベルへの遷移スコアだけが，文末単語

Algorithm 14 線形構造化パーセプトロン学習

入力単語列： $\mathbf{X}$； 正解ラベル列：$\mathbf{Y}$
モデル： $\mathbf{w}$
$\delta_{\langle i,L\rangle}$：$i$ 番目の単語がラベル L の時に文頭からのスコアの最大値．初期値 0.
$P_{\langle i,L\rangle}$：i 番目の単語がラベル L 場合の最大スコアとなる一つ前のラベル．
L_{ALL} ： 全ての固有表現ラベル．BOS，EOS 除く．
for $i=1$ **to** M **do**
　$lsc = \mathrm{LScore}(\mathbf{X}, i, \mathbf{w})$ # i 番目の単語に各ラベルが付与されるスコア
　$lcsc = \mathrm{LCscore}(\mathbf{X}, i, \mathbf{w})$ # i 番目の単語のラベル連接スコア
　if ($i == 1$) $\mathcal{P}' = \{\mathrm{BOS}\}$ **else** $\mathcal{P}' = L_{ALL}$ #文頭の場合，BOS に限定
　for $L \in L_{ALL}$ **do**
　　#$\mathbf{X}_i$ のラベルが L の場合，最大のスコアとなる一つ前のタグ $P_{\langle i,L\rangle}$ を選択
　　$P_{\langle i,L\rangle} = \underset{P\in\mathcal{P}'}{\mathrm{argmax}}\, lsc[L] + lcsc[P][L] + \delta_{\langle i-1,P\rangle}$
　　$\delta_{\langle i,L\rangle} = lsc[L] + lcsc[P][L] + \delta_{\langle i-1,P_{\langle i,L\rangle}\rangle}$
　end for
end for
#文頭からスコアが最大のとなる最後の単語のラベルを選択
$lcsc = \mathrm{LCscore}(\mathbf{X}, M+1, \mathbf{w})$ # EOS への連接スコアを取得
$\mathbf{Y}^*_M = \underset{L\in L_{ALL}}{\mathrm{argmax}}\, \delta_{\langle M,L\rangle} + lcsc[L][\mathrm{EOS}]$
#$M-1$ ... 1 までの間の最大のスコアとなるラベル列を選択
for $i = M$ **to** 2 **do**
　$\mathbf{Y}^*_{i-1} = P_{\langle i,\mathbf{Y}^*_i\rangle}$
end for
if $\mathbf{Y} \neq \mathbf{Y}^*$ **then**
　$\mathbf{w} = \mathbf{w} + \Phi(\mathbf{X},\mathbf{Y}) - \Phi(\mathbf{X},\mathbf{Y}^*)$
end if
return $\mathbf{w}$

については，各ラベルから EOS への遷移スコアだけが学習されるようにします．表 A.7 のラベル連接スコアは，正しいラベル列である BOS から B-PER への遷移のスコアが増加し，誤ったラベル列である BOS から I-PER への遷移のスコアが減算されています．また，O から EOS への遷移のスコアが増加し，I-PER から EOS への遷移のスコアが減算されています．

このように，BOS や EOS といったラベルを考慮することで，たとえば，文頭であれば，B-PER や B-ORG といった固有表現の先頭に付与されるラベルや O が付与されやすくなり，I-PER や I-ORG といった文頭には表れないラベルが付与されないように学習されると期待されます．文末に関しても，文

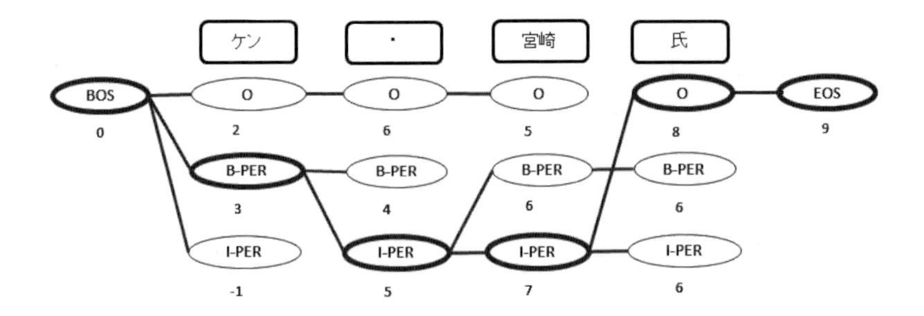

図 **A.3** セミマルコフパーセプトロンの固有表現抽出のためのチャンク列の表現例.

末の最後に出現するラベルが付与されやすくなります.

抽出は，モデルの更新を行わずに，$\mathbf{Y}^*$ を返すことで実現できます.

A.6.3 セミマルコフパーセプトロンの動作・実装例

セミマルコフモデルのラベル数は，今までの例にあった，PER，ORG，LOC および，DATE の抽出では，固有表現以外の「O」を加えて，の 5 種類となります．さらに，$X_1 = \langle$ ケン ・ 宮崎 $\rangle$ であっても，想定されるチャンク列は，

[ケン] [・] [宮崎]
[ケン ・] [宮崎]
[ケン] [・ 宮崎]
[ケン ・ 宮崎]

と，3 単語に対し，4 パタンのチャンク列があり，5 種類のラベルを付与する場合は，合計，180 通り ($5 \times 5 \times 5 + 5 \times 5 + 5 \times 5 + 5$) が候補となります．このように，線形構造学習と同じく単純にすべてのパタンを列挙して学習を行うのは効率的ではありません.

セミマルコフパーセプトンで必要となるのは，最大値のスコアを持つチャンク列とそのラベル列です．そこで，線形構造学習と同じように，3.4.3 項にある Viterbi アルゴリズムを応用します．そのための一例を紹介します.

まず，実装上は，すべてのチャンク列を表現するために，チャンクのラティスにて表現します．図 A.3 がそのイメージとなります．すべてのチャンクを列挙して，接続し得る隣接するチャンクとの情報を保持した状態とします．この状態で各チャンクにラベルを付与するため，モデルを適用していきます.

また，モデルの表現方法としては，表 A.8 にあるように，線形構造学習と同

表 A.8 セミマルコフモデルのモデル表現方法の一例．セミマルコフパーセプトロンの初期値はすべて 0.

ラベルスコア

条件 / スコア	PER	ORG	O
現在のチャンク=ケン・宮崎	0	0	0
チャンクの最初の単語=ケン	0	0	0
チャンクの最後の単語=宮崎	0	0	0
現在のチャンク=氏	0	0	0
⋮			
現在のチャンク=ケン・	0	0	0
チャンクの最後の単語=・	0	0	0
現在のチャンク=宮崎	0	0	0
⋮			
チャンクの一つ後の単語=氏	0	0	0
チャンクの一つ後の単語=が	0	0	0
⋮			
チャンクの二つ後の品詞=助詞	0	0	0
チャンクの二つ後の品詞=名詞	0	0	0
⋮			
チャンクの一つ前の単語=宮崎	0	0	0
⋮			

ラベル連接スコア

現在位置 / 一つ前	PER	ORG	O	BOS
PER	0	0	0	0
ORG	0	0	0	0
O	0	0	0	0
EOS	0	0	0	0

様に，素性からラベルを分離した形で持っておくようにします．こちらの例では，スペースの関係上，PER，ORG，O の 3 種類に限定しています．条件を満たすと各ラベルのスコアを付与するという意味で，ラベルとともに定義される素性と同じ表現になります．このようにすることで，条件を満たしたものに関連するラベルのスコアを付与するという形で処理できますので，逐一，ラベルを変えた素性を生成する必要がありません．また，今回は，「ラベル連接スコア」は無条件に付与されますので，線形構造学習と同様に，単純に表の形で保持します．セミマルコフモデルでも，条件によって「ラベル連接スコア」が変わるのであれば，「ラベルスコア」のように，条件ごとに連接スコアを保持します．

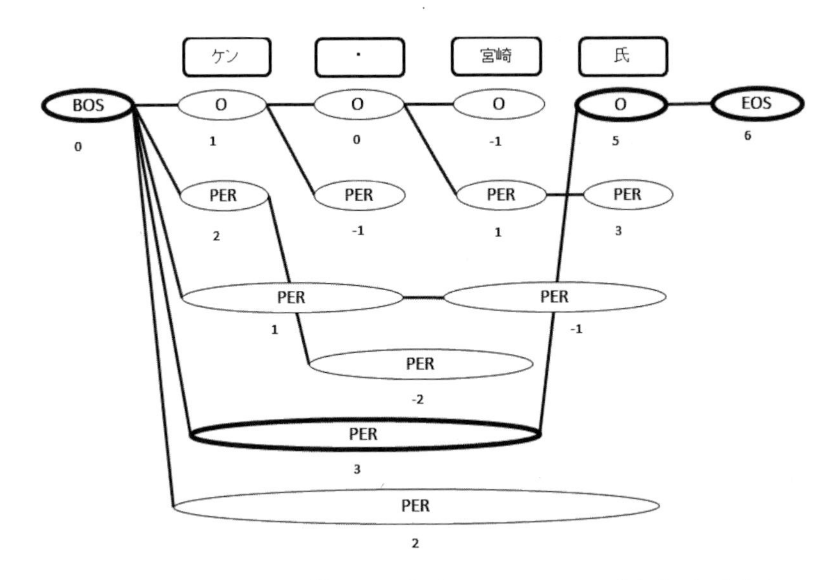

図 A.4 セミマルコフパーセプトロンにおける Viterbi アルゴリズムによるチャンク列とそのラベル列選択のために保持されている情報のイメージ．ラベルの下の数値は各チャンクの各ラベルに到達する文頭からのスコアの最大値．各ノードからの線が最大のスコアとなる一つ前のチャンクのラベルへのパス．

図 A.4 が各ラベルの $\delta_{\langle i,L\rangle}$ および i 番目の単語の時点で L が最大のスコアとなる一つ前のチャンクおよびラベル $P_{\langle i,L\rangle}$ のイメージとなります．線形構造学習の場合と同様に，文頭から文末に向けて，各チャンクの文頭から最大のスコアとなる一つ前のノードとそのラベルを判別することで，図のような状態を構築し，EOS のラベルから最大となる一つ前の状態を順次たどることで，最大のスコアとなるチャンク列とそのラベル列を計算します．各単語のラベルの下の数値が，$\delta_{\langle e,L\rangle}$ に相当する値となり，BOS から w 番目の単語のラベルが L となるラベル列の中で最大のスコアとなります．一つ前のチャンクおよびそのラベルである $P_{\langle i,L\rangle}$ に相当する情報は，各ラベルの線で接続された一つ前のラベルになります．線形構造学習と同じく一つ前の最大なるラベルを保持しますが，線形構造学習は，単語列ですので，一つ前に来る単語は限られますが，セミマルコフモデルでは接続するチャンクは複数あるため，チャンクの情報も保持が必要となり，チャンクの先頭の位置 $MAXB[w][L]$ を保持します．

「ケン・宮崎氏」が入力で，

$$\mathbf{C} = \langle\ [\text{ケン・宮崎}]\ [\text{氏}]\ \rangle$$

表 A.9 表 A.8 の更新後のモデルの例.

ラベルスコア

条件 / スコア	PER	ORG	O
現在のチャンク=ケン・宮崎	1	0	0
チャンクの最初の単語=ケン	0	0	0
チャンクの最後の単語=宮崎	1	0	0
現在のチャンク=氏	0	-1	1
:			
現在のチャンク=ケン・	-1	0	0
チャンクの最後の単語=・	-1	0	0
現在のチャンク=宮崎	0	-1	0
:			
チャンクの一つ後の単語=氏	1	-1	0
チャンクの一つ後の単語=が	0	0	0
:			
チャンクの二つ後の品詞=助詞	0	0	0
チャンクの二つ後の品詞=名詞	0	0	0
:			
チャンクの一つ前の単語=宮崎	0	-1	1
:			

ラベル連接スコア

現在位置 / 一つ前	PER	ORG	O	BOS
PER	0	0	1	0
ORG	-1	-1	0	0
O	1	0	0	0
EOS	0	-1	1	0

が正しいチャンク列,

$$\mathbf{Y} = \langle \text{ PER O } \rangle$$

が正しいラベル列の場合,

チャンク列が

$$\mathbf{C}^* = \langle \text{ [ケン・] [宮崎] [氏] } \rangle$$

として，ラベル列が,

$$\mathbf{Y}^* = \langle \text{ PER ORG ORG } \rangle$$

と判別された場合,

$$\mathbf{w} = \mathbf{w} + \Phi(\langle\ [\text{ケン・宮崎}]\ [\text{氏}]\rangle, \langle\ \text{PER O}\ \rangle) - \Phi(\ \langle\ [\text{ケン・}]\ [\text{宮崎}]\ [\text{氏}]\ \rangle, \langle\ \text{PER ORG ORG}\ \rangle\ )$$

と更新され，表 A.8 は表 A.9 のようになります．たとえば，正しいチャンク情報として，「現在のチャンク=ケン・宮崎」が PER のスコアは加算され，「現在のチャンク=氏」については，正しいラベルの O のスコアは上がっており，ORG となる場合は減算されています．間違って判別されたチャンクに関する情報として，「現在のチャンク=ケン・」や「チャンクの最後の単語」は，「PER」のスコアが下っております．文脈情報としては，「チャンクの一つ後の単語=氏」なら「PER」のスコアが上がっており，「ORG」のスコアは下がっております．文頭，文末の BOS，EOS の扱いに関しては，線形構造学習の場合と同じになりますので，A.6.2 項をご覧ください．また，実用上では，計算量の問題から，入力単語列に対するすべてのチャンク列のパタンを考慮せずに，チャンクを構成する単語の上限数を制限する方法が用いられることがあります．最大数の設定方法としては，教師データ中の固有表現を構成する最大の単語数を上限として用いる場合や，評価データを用いて，速度や精度，メモリ消費量などの側面から上限を決定する方法などがあります．

Algorithm 15 セミマルコフパーセプトロン学習

入力単語列： $\mathbf{X}$; 正解チャンク・ラベル列：$\mathbf{C}$, $\mathbf{Y}$; モデル： $\mathbf{w}$
#以下 3 つは $\mathbf{X}_i$ で終わるチャンクがラベル L で最大スコアとなる場合の情報
$\delta_{\langle i,L\rangle}$: 文頭からの最大スコア．初期値，$\delta_{\langle 0,L\rangle}=0$，それ以外 $-\infty$
$MAXB[i][L]$: 文頭からのスコアが最大のチャンクの先頭単語の位置
$P_{\langle i,L\rangle}$:一つ前のチャンクのラベル．
L_{ALL} ： 全ての固有表現ラベル．BOS，EOS 除く．
for $b=1$ **to** M **do**
  for $e=b$ **to** M **do**
    $lsc=$ LScore($\mathbf{X}$, b, e, $\mathbf{w}$) # $\mathbf{X}_b$, ..., $\mathbf{X}_e$ に各ラベルが付与されるスコア
    $lcsc=$ LCscore($\mathbf{X}$, b, e, $\mathbf{w}$) # $\mathbf{X}_b$, ..., $\mathbf{X}_e$ のラベル連接スコア
    if ($b==1$) $\mathcal{P}'=\{\mathrm{BOS}\}$ **else** $\mathcal{P}'=L_{ALL}$ #文頭の場合，BOS に限定
    for $L\in L_{ALL}$ **do**
      #b 番目から e 番目の単語で構成されるチャンクにラベル P から L に
      #遷移した際の最大スコアの計算．
      $\hat{P}=\operatorname*{argmax}_{P\in\mathcal{P}'} lsc[L]+lcsc[P][L]+\delta_{\langle b-1,P\rangle}$
      $SC=lsc[L]+lcsc[\hat{P}][L]+\delta_{\langle b-1,\hat{P}\rangle}$
      if $\delta_{\langle e,L\rangle}<SC$ **then**
        $\delta_{\langle e,L\rangle}=SC$; $MAXB[e][L]=b$; $P_{\langle e,L\rangle}=\hat{P}$;
      end if
    end for
  end for
end for
#スコアが最大となる単語列の最後の単語で終わるチャンクとラベルの組を選択．
$lcsc=$ LCscore($\mathbf{X}$, M, M+1, $\mathbf{w}$) # EOS へのラベル連接スコア
$\mathbf{Y}^*_1=\operatorname*{argmax}_{L\in L_{ALL}}\delta_{\langle i,L\rangle}+lcsc[L][\mathrm{EOS}]$ #最大スコアとなるラベル
$\mathbf{C}^*_1=[\mathbf{X}_{MAXB[M][L]},\ \ldots,\ \mathbf{X}_M]$; #チャンクを保持
$j=1$; $e=M$;
#M-1 ... 1 までの間の最大のスコアとなるチャンク列ラベル列を選択
while $1<e$ **do**
  $j=j+1$;
  $\mathbf{Y}^*_j=P_{\langle e,\mathbf{Y}^*_{j-1}\rangle}$ #文末から j 番目のチャンクのラベル
  $e=MAXB[e][\mathbf{Y}^*_{j-1}]$ -1 #文末から j 番目のチャンクの終了位置
  $b=MAXB[e][\mathbf{Y}^*_j]$ #文末から j 番目のチャンクの開始位置
  $\mathbf{C}^*_j=[\mathbf{X}_b, ..., \mathbf{X}_e]$； #文末から j 番目のチャンク
end while
$\mathbf{C}^*\leftarrow$ reverse($\mathbf{C}^*$); $\mathbf{Y}^*\leftarrow$ reverse($\mathbf{Y}^*$) ; #逆順に並びかえ
if $\mathbf{Y}\neq\mathbf{Y}^*$ or $\mathbf{C}\neq\mathbf{C}^*$ **then**
  $\mathbf{w}=\mathbf{w}+\Phi(\mathbf{C},\mathbf{Y})-\Phi(\mathbf{C}^*,\mathbf{Y}^*)$
end if
return $\mathbf{w}$

参考文献

[1] Ralph Grishman and Beth Sundheim. Message understanding conference- 6: A brief history. In *16th International Conference on Computational Linguistics, Proceedings of the Conference, COLING 1996, Center for Sprogteknologi, Copenhagen, Denmark, August 5-9, 1996*, pp. 466–471, 1996.

[2] David Nadeau and Satoshi Sekine. A survey of named entity recognition and classification. *Linguisticae Investigationes*, Vol. 30, No. 1, pp. 3–26, January 2007. John Benjamins Publishing Company.

[3] Pontus Stenetorp, Sampo Pyysalo, Goran Topić, Tomoko Ohta, Sophia Ananiadou, and Jun'ichi Tsujii. brat: a web-based tool for NLP-assisted text annotation. In *Proceedings of the Demonstrations at the 13th Conference of the European Chapter of the Association for Computational Linguistics*, pp. 102–107, 2012.

[4] IREX Committee. *Proc. of the IREX workshop*. 1999.

[5] Satoshi Sekine, Kiyoshi Sudo, and Chikashi Nobata. Extended named entity hierarchy. In *Proc. of LREC'02*, 2002.

[6] Frank Rosenblatt. The perceptron: A probabilistic model for information storage and organization in the brain. Vol. 65, No. 6, pp. 386–408, 1958.

[7] Michael Collins. Discriminative training methods for Hidden Markov Models: theory and experiments with perceptron algorithms. In *Proc. of EMNLP'02*, pp. 1–8, 2002.

[8] William W. Cohen and Sunita Sarawagi. Exploiting dictionaries in named entity extraction: combining semi-markov extraction processes and data integration methods. In *Proc. of KDD'04*, pp. 89–98, 2004.

[9] 坪井祐太, 海野裕也, 鈴木潤. 深層学習による自然言語処理. 講談社, 2017.

[10] word2vec page. https://code.google.com/archive/p/word2vec/. Ac-

cessed: 2017-07-06.

[11] GloVe web page. https://nlp.stanford.edu/projects/glove/. Accessed: 2017-07-06.

[12] 岡谷貴之. 深層学習. 講談社, 2015.

[13] 海野裕也, 岡野原大輔, 得居誠也, 徳永拓之. オンライン機械学習. 講談社, 2015.

[14] Peng Zhou, Wei Shi, Jun Tian, Zhenyu Qi, Bingchen Li, Hongwei Hao, and Bo Xu. Attention-based bidirectional long short-term memory networks for relation classification. In *ACL'16: short papers*, 2016.

[15] Yan Xu, Lili Mou, Ge Li, Yunchuan Chen, Hao Peng, and Zhi Jin. Classifying relations via long short term memory networks along shortest dependency paths. In *EMNLP'15*, pp. 1785–1794, 2015.

[16] Lance Ramshaw and Mitch Marcus. Text chunking using transformation-based learning. In *Proc. of the Third Workshop on Very Large Corpora*, pp. 82–94. Association for Computational Linguistics, 1995.

[17] Erik Tjong Kim Sang and Jorn Veenstra. Representing text chunks. In *Proc. of EACL '99*, pp. 173–179, 1999.

[18] Kiyotaka Uchimoto, Qing Ma, Masaki Murata, Hiromi Ozaku, Masao Utiyama, and Hitoshi Isahar a. Named entity extraction based on a maximum entropy model and transformati on rules. In *Proc. of the ACL 2000*, pp. 326–335, 2000.

[19] 佐藤理史. 言語処理システムをつくる. 近代科学社, 2016.

[20] 浅原正幸, 松本裕治. 日本語固有表現抽出における冗長的な形態素解析の利用. 情報処理学会研究報告自然言語処理（NL）, Vol. 2003, No. 4, pp. 49–56, jan 2003.

[21] Tomoya Iwakura. A named entity recognition method using rules acquired from unlabeled data. In *Recent Advances in Natural Language Processing, RANLP 2011, 12-14*, pp. 170–177, 2011.

[22] Xavier Carreras, Lluís Màrques, and Lluís Padró. Named entity extraction using adaboost. In *Proc. of CoNLL-2002*, pp. 167–170. Taipei, Taiwan, 2002.

[23] 山田寛康. Shift-reduce 法に基づく日本語固有表現抽出. 情報処理学会研究報告音声言語情報処理（SLP）, Vol. 2007, No. 47, pp. 13–18, may 2007.

[24] Tomoya Iwakura, Hiroya Takamura, and Manabu Okumura. A named

entity recognition method based on decomposition and concatenation of word chunks. Vol. 12, No. 3, pp. 10:1–10:18, August 2013.

[25] Michael Collins and Nigel Duffy. Convolution kernels for natural language. In *Proceedings of the 14th International Conference on Neural Information Processing Systems: Natural and Synthetic*, NIPS'01, pp. 625–632, 2001.

[26] Makoto Miwa and Mohit Bansal. End-to-end relation extraction using lstms on sequences and tree structures. In *ACL'16*, 2016.

[27] Kai Sheng Tai, Richard Socher, and Christopher D. Manning. Improved semantic representations from tree-structured long short-term memory networks. In *Proceedings of the 53rd Annual Meeting of the Association for Computational Linguistics and the 7th International Joint Conference on Natural Language Processing of the Asian Federation of Natural Language Processing, ACL 2015, July 26-31, 2015, Beijing, China, Volume 1: Long Papers*, pp. 1556–1566, 2015.

[28] Qi Li and Heng Ji. Incremental joint extraction of entity mentions and relations. In *ACL'14*, pp. 402–412, 2014.

[29] Taiki Watanabe, Akihiro Tamura, Takashi Ninomiya, Takuya Makino, and Tomoya Iwakura. Multi-task learning for chemical named entity recognition with chemical compound paraphrasing. In *Proceedings of the 2019 Conference on Empirical Methods in Natural Language Processing and the 9th International Joint Conference on Natural Language Processing (EMNLP-IJCNLP)*, pp. 6245–6250, 2019.

[30] Dayne Freitag. Trained named entity recognition using distributional clusters. In *Proc. of EMNLP 2004*, pp. 262–269, 2004.

[31] Scott Miller, Jethran Guinness, and Alex Zamanian. Name tagging with word clusters and discriminative training. In *Proc. of HLT-NAACL 2004*, pp. 337–342, 2004.

[32] Rie Kubota Ando and Tong Zhang. A high-performance semi-supervised learning method for text chunking. In *In Proc. of ACL'05*, pp. 1–9, 2005.

[33] Jun Suzuki and Hideki Isozaki. Semi-supervised sequential labeling and segmentation using giga-word scale unlabeled data. In *Proc. of ACL'08*, pp. 665–673, 2008.

[34] 遼平笹野, 禎夫黒橋. 大域的情報を用いた日本語固有表現認識. 情報処理学会論文誌, Vol. 49, No. 11, pp. 3765–3776, nov 2008.

[35] Ang Sun, Ralph Grishman, and Satoshi Sekine. Semi-supervised relation extraction with large-scale word clustering. In *The 49th Annual Meeting of the Association for Computational Linguistics: Human Language Technologies, Proceedings of the Conference, 19-24 June, 2011, Portland, Oregon, USA*, pp. 521–529, 2011.

[36] Chang Wang, James Fan, Aditya Kalyanpur, and David Gondek. Relation extraction with relation topics. In *Proceedings of the 2011 Conference on Empirical Methods in Natural Language Processing, EMNLP 2011, 27-31 July 2011, John McIntyre Conference Centre, Edinburgh, UK, A meeting of SIGDAT, a Special Interest Group of the ACL*, pp. 1426–1436, 2011.

[37] Mike Mintz, Steven Bills, Rion Snow, and Dan Jurafsky. Distant supervision for relation extraction without labeled data. In *Proceedings of the Joint Conference of the 47th Annual Meeting of the ACL and the 4th International Joint Conference on Natural Language Processing of the AFNLP: Volume 2 - Volume 2*, pp. 1003–1011, 2009.

[38] Pengda Qin, Weiran Xu, and William Yang Wang. DSGAN: Generative adversarial training for distant supervision relation extraction. In *Proceedings of the 56th Annual Meeting of the Association for Computational Linguistics (Volume 1: Long Papers)*, pp. 496–505, 2018.

[39] Sebastian Riedel, Limin Yao, and Andrew McCallum. Modeling relations and their mentions without labeled text. In *Machine Learning and Knowledge Discovery in Databases, European Conference, ECML PKDD 2010, Barcelona, Spain, September 20-24, 2010, Proceedings, Part III*, pp. 148–163, 2010.

[40] Matthew E. Peters, Mark Neumann, Mohit Iyyer, Matt Gardner, Christopher Clark, Kenton Lee, and Luke Zettlemoyer. Deep contextualized word representations. In *Proc. of NAACL'18*, 2018.

[41] Alan Akbik, Duncan Blythe, and Roland Vollgraf. Contextual string embeddings for sequence labeling. In *COLING 2018, 27th International Conference on Computational Linguistics*, pp. 1638–1649, 2018.

[42] Jacob Devlin, Ming-Wei Chang, Kenton Lee, and Kristina Toutanova. BERT: Pre-training of deep bidirectional transformers for language understanding. In *Proc. of NAACL'19*, pp. 4171–4186, 2019.

索 引

著者紹介

岩倉友哉（いわくら ともや）

2003 年　株式会社富士通研究所
2011 年　東京工業大学大学院総合理工学研究科物理情報システム専攻博士課程修了　博士（工学）
2015 年－ 株式会社富士通研究所 主任研究員
2018 年－ 理化学研究所革新知能統合研究センター　ユニットリーダー

関根 聡（せきね さとし）

1992 年　英国マンチェスター大学計算言語学部修士号
1998 年　ニューヨーク大学コンピューターサイエンス学部博士号
1998－2007 年 ニューヨーク大学研究助教授
2000 年－ ランゲージクラフト設立
2007 年－ ニューヨーク大学研究准教授
2010－2014 年　楽天技術研究所ニューヨーク所長
2017 年－ 理化学研究所革新知能統合研究センター　チームリーダー

その他，松下電業産業株式会社（現パナソニック），ソニー CSL，マイクロソフト研究所などでの研究職を歴任．技術顧問企業多数．

言語処理学会のご案内

言語処理学会（英文名：The Association for Natural Language Processing，略称 ANLP）は，言語処理および計算言語学に関する学際的学問研究の促進をはかり，会員相互間および内外の関連学協会との交流の場を提供し，この分野の学問および産業の進歩発展に貢献することを目的とする学会です．1994 年 4 月 1 日に設立され，2015 年 4 月 1 日に一般社団法人言語処理学会となりました．その主な活動は，会誌『自然言語処理』の発行（年 4 回）と，年次大会（原則として 3 月）の開催です．

言語処理学会，および，会誌『自然言語処理』に関する最新情報は，下記のウェブページに掲載されています．

学会ホームページ	http://www.anlp.jp/
入会案内	http://www.anlp.jp/guide/admission.html
会誌『自然言語処理』	http://www.anlp.jp/guide/index.html
原稿執筆案内	http://www.anlp.jp/guide/guideline.html

実践・自然言語処理シリーズ
第 4 巻 情報抽出・固有表現抽出のための基礎知識

2020 年 3 月 31 日 初版第 1 刷発行

著 者 岩 倉 友 哉
関 根 聡

発行者 井 芹 昌 信

発行所 株式会社 近代科学社

〒 162-0843 東京都新宿区市谷田町 2-7-15
電話 03-3260-6161 振替 00160-5-7625
https://www.kindaikagaku.co.jp

加藤文明社 ISBN978-4-7649-0610-5
定価はカバーに表示してあります．

AI 事典　第 3 版

400 頁・A5 判・本体 9,000 円＋税

編：中島秀之・浅田稔・橋田浩一・松原仁
　　山川宏・栗原聡・松尾豊

著者：100 余名

AI（人工知能）の“今”を気鋭の執筆陣が解説

AIはいまや，さまざまな研究の根幹をなしており，関わる分野も多岐にわたる。本書は，人工知能（AI）研究を牽引する代表的な研究者が編・著を務め，各研究カテゴリーの最前線で活躍する100余名の気鋭の研究者が執筆を手掛けた事典である。

コンセプトは「執筆者の主観を軸に，読者が興味を持って面白く読める内容にすること」。従来の主要テーマのほか，ディープラーニング，AIにおける論争，汎用人工知能など，いま外せないトピックスを幅広く解説する。

AI研究者はもちろん，工学，理学，脳科学，医学，薬学，農学，社会学，哲学など，すべての分野の学生・研究者の未来に影響を与える，ターニングポイントとなる書！！